La COCINA de la FAMILIA

La COCINA de la FAMILIA

RECIPES FROM ALPHABET CITY

A NEIGHBORHOOD CELEBRATES THE COMMON LANGUAGE OF FOOD

BODEGA de la FAMILIA

NEIGHBORHOOD DRUG CRISIS CENTER

La COCINA de la FAMILIA

LAS RECETAS DE ALPHABET CITY

UN VECINDARIO CELEBRA EL
LENGUAJE COMÚN DE LA COMIDA

BODEGA de la FAMILIA
NEIGHBORHOOD DRUG CRISIS CENTER

LA BODEGA DE LA FAMILIA:
neighborhood drug crisis center
Carol Shapiro, Project Director
272 East Third Street, New York,
New York 10009 Tel 212 982 2335
Fax 212 982 1765 www.vera.org/bdf
LA BODEGA DE LA FAMILIA IS A PROJECT
OF THE VERA INSTITUTE OF JUSTICE

Senior Editor: Julee Binder Shapiro
Spanish Editors/Translators: Luis Alonso,
Ninoska Marcano
Design and Layout: Leah Lococo
Published by City & Company, New York, 1998

Library of Congress Cataloging-in-Publication
Data is available upon request.
ISBN 1-885492-77-4

All proceeds to benefit La Bodega de la
Familia's Youth and Community Leadership
Initiative.

The majority of recipes included in this
cookbook have not been tested by La Bodega,
City & Company, or the editors. All recipes
have been reviewed by an experienced cook
and a cookbook editor, but are based primarily
on information provided by the contributors.
Although we hope you will enjoy these family
recipes, we cannot guarantee that all
instructions are accurate or will result in the
product described therein.

Neither City & Company nor La Bodega de la
Familia has any interest, financial or personal,
in the locations listed in the Neighborhood
Restaurant Guide and Glossary sections at the
end of this book. No fees were paid nor services
rendered in exchange for inclusion in these
pages. Please note that while every effort was
made to ensure that addresses and phone
numbers were accurate at the time of
publication, it is always wise to call ahead.

LA BODEGA DE LA FAMILIA:
un centro comunitario para combatir la
drogadicción
Carol Shapiro, directora del centro
comunitario
272 East Third Street, New York,
New York 10009 Tel 212 982 2335
Fax 212 982 1765 www.vera.org/bdf
LA BODEGA DE LA FAMILIA ES UN
PROYECTO DE VERA INSTITUTE
OF JUSTICE

Edición en inglés: Julee Binder Shapiro
Edición y traducción al español:
Luis Alonso, Ninoska Marcano
Diseño y diagramación: Leah Lococo
Editorial: City & Company, New York, 1998

Todas las ganancias se destinarán a fomentar
las iniciativas de liderazgo que emprendan
la juventud y la comunidad de La Bodega
de la Familia

La mayoría de las recetas contenidas en este
libro de cocina no han sido probadas por La
Bodega, City & Company ni el equipo que
produjo este texto. Todas las recetas han sido
revisadas por expertos chefs y escritores de
libros de cocina, pero están basadas princi-
palmente en información suministrada por los
colaboradores. Aunque esperamos que usted
disfrute estas recetas familiares, no podemos
garantizar que todas las indicaciones son
exactas o que resulten en el producto descrito.

City & Company ni La Bodega tienen intereses
financieros o personales en los sitios mencionados en la Guía de restaurantes del vecindario
y en el Glosario, secciones ubicadas al final del
libro. La inclusión en estas páginas no
involucró pago de tarifas ni prestación de
servicio alguno. Aunque nos aseguramos de que
las direcciones y números telefónicos estuviesen
actualizados al momento de la publicación,
recuerde que pueden cambiar y por ello
siempre es buena idea llamar con antelación.

THIS COOKBOOK IS DEDICATED TO THE RESIDENTS
OF ALPHABET CITY AND TO LA BODEGA DE LA FAMILIA'S PARTNERS,
WHO MADE THIS PROJECT POSSIBLE THROUGH THEIR CONTRIBUTIONS,
THEIR LOVE OF FOOD, AND THEIR COMMITMENT TO HELPING
FAMILIES STRUGGLING WITH ADDICTION.

Acknowledgments

I WOULD LIKE TO EXTEND A HEARTFELT THANK YOU to everyone who contributed their time, effort, and imagination to make *La Cocina de la Familia* a reality; to Sandy Carson, for tenaciously testing recipes and spotting the misplaced teaspoon of salt or cayenne pepper; to Dora Carson, for attention to endless details and, at times, clairvoyance; to Sonia Ariezaga, for electric fingers that recorded stories and recipes; to Ellen Sweet, for expert editorial advice; to Amy Gong, for laser quality eyes that found errant commas, periods, and wrong words; to Ashley Rotenstreich, for an infectious smile and enthusiasm that infused the process of collecting recipes; to J. Escobar, Vanessa de Saint-Blanquat, Muriel Hodgson, and Jocelyn Dorset, for initial translation without benefit of editing; and to George Sánchez, for providing insight into the history of bodegas and Latino culture.

I would also like to thank our editorial staff: Julee Binder Shapiro, for embracing the editorial process with passion and for inserting professional flair into a neighborhood initiative; Luis Alonso and Ninoska Marcano, for expert attention to the nuances of language and culture and appreciation for a bilingual collection of recipes; Leah Lococo, for generous spirit and intuitive understanding necessary to capture La Bodega's rich flavor in design; and Helene Silver, for painstakingly guiding me through the fine art of producing a book out of naive optimism. I would also like to thank Coral Graphics for generously donating printing of the cover.

There are not enough words to thank the energetic and committed staff of La Bodega, whose tireless efforts provide daily inspiration. And finally, I would like to thank my family — Bruce, Justin, and Ian — for providing a magical palette from which to draw.

CAROL SHAPIRO
Project Director, La Bodega de la Familia

ESTE LIBRO DE COCINA ESTÁ DEDICADO A LOS RESIDENTES DE ALPHABET CITY Y A LOS AMIGOS DE LA BODEGA DE LA FAMILIA, QUIENES HICIERON POSIBLE ESTE PROYECTO A TRAVÉS DE SUS COLABORACIONES, DE SU AMOR POR LA COCINA Y DE SU COMPROMISO POR AYUDAR A LAS FAMILIAS EN SU LUCHA CONTRA LA ADICCIÓN A LAS DROGAS.

Agradecimientos

QUISIERA EXPRESARLE UN SINCERO AGRADECIMIENTO a todos los que han cedido tiempo, esfuerzo e imaginación para hacer realidad *La Cocina de la Familia*. A Sandy Carson, por probar recetas sin cansancio y detectar las cucharadas de sal o de pimienta de cayena que estuviesen incorrectas. A Dora Carson, por su atención a los detalles interminables y, a veces, su clarividencia. A Sonia Ariezaga, por sus dedos eléctricos que permitieron almacenar recetas e historias. A Ellen Sweet, por sus apropiados consejos editoriales. A Amy Gong, por su vista láser que corrigió comas, puntos y palabras. A Ashley Rotenstreich, por su sonrisa contagiosa y un entusiasmo que facilitó el proceso de recolección de las recetas. A J. Escobar, Vanessa de Saint-Blanquat, Muriel Hodgson y Jocelyn Dorset, por sus traducciones iniciales que no tuvieron edición; y a George Sánchez, por facilitar información sobre la historia de las bodegas y la cultura latina.

También me gustaría agradecer a nuestro equipo editorial. A Julee Binder Shapiro, por asumir el proceso de edición con pasión y por brindar profesionalismo a una iniciativa comunitaria; a Luis Alonso y Ninoska Marcano, por su atención cuidadosa a los detalles del lenguaje y su respeto por una colección bilingüe de recetas. A Leah Lococo, por su generosidad y su intuición para entender la necesidad de capturar el rico sabor de La Bodega en el diseño; y a Helene Silver, por su esmero en guiarme por el delicado arte de producir un libro, nacido de un ingenuo optimismo. También quiero extenderle mi agradecimiento a Coral Graphics por su generosidad al haber donado la impresión de la portada del libro.

No hay palabras suficientes para agradecer al energético y comprometido equipo de La Bodega, cuyos incansables esfuerzos brindan inspiración diaria. Finalmente, quisiera agradecer a mi familia—Bruce, Justin e Ian—por brindar una paleta mágica para pintar.

CAROL SHAPIRO
directora de La Bodega de la Familia

TABLE OF CONTENTS/ÍNDICE

INTRODUCTION

I T IS MY GREAT PLEASURE to introduce *La Cocina de la Familia*, a book of tantalizing recipes from one of the most interestingly diverse and changing neighborhoods of New York. I grew up in New York and—I'm sorry, California—no other place ever feels quite like home.

To me (as to just about everyone I know), home is inextricably associated with food. The Cuban dishes my mother used to make (her *frijoles negros* are the best on the planet, although I'm willing to give Congresswoman Nydia Velázquez's recipe here a try). The mouthwatering rugelach of my favorite Jewish bakeries. The everything-on-it pizzas that don't taste as good anywhere else. I could go on and on but I'm getting too hungry even remembering this much!

This cookbook and the mission of La Bodega de la Familia is also especially significant to me for anther reason. My family has dealt with addiction. I have seen again and again how addiction can harm a family—the broken promises, the misunderstandings, the sad isolation. And so I wholeheartedly support the humane work and innovative approaches of La Bodega del la Familia in helping resolve the complex family and community problems that arise from addiction.

La Cocina de la Familia, with all its culinary and cultural riches, is a treasure. Cherish it. Cook with it. Share its treasures with your family and friends. For these shared good times will become our memories. And these memories will become our history, our sense of ourselves, our community,

¡Que le aproveche!

CRISTINA GARCÍA
Author, Dreaming in Cuban

INTRODUCCIÓN

Es para mí un gran placer presentarles *La Cocina de la Familia*, un libro de tentadoras recetas de uno de los vecindarios más diversos y cambiantes de New York. Yo me crié en New York y —lo siento, California— ningún otro sitio se siente tanto como estar en casa.

Para mí (como para todas las personas que conozco), el hogar está inextricablemente vinculado a la comida. Recuerdo los platos cubanos que mi mamá solía preparar (sus frijoles negros son los mejores del planeta, aunque quisiera probar la receta de la congresista Nydia Velázquez). El rugelach de mis panaderías judías favoritas que hace agua la boca. Las pizzas con todo que no saben tan bien en ningún otro lugar. ¡Pudiera continuar la lista pero me da mucha hambre el tan sólo recordar!

Este libro de cocina y la misión de La Bodega de la Familia son también muy significativos para mí por otra razón. Mi familia ha tratado con la adicción. He visto una y otra vez cómo la adicción daña a una familia: las promesas incumplidas, los malentendidos, el triste aislamiento. Por ello apoyo de todo corazón el trabajo humano y el enfoque innovador de La Bodega para resolver los complejos problemas familiares y comunitarios ocasionados por la adicción.

La Cocina de la Familia, con toda su riqueza culinaria y cultural, es un tesoro. Aprécielo. Cocine con él. Comparta sus tesoros con familiares y amigos. Esos agradables momentos se covertirán en nuestros recuerdos y nos darán un sentir de quiénes somos hasta convertirse en nuestra historia y nuestra comunidad.

¡Que le aproveche!

CRISTINA GARCÍA
Autora de la novela Dreaming in Cuban

9

FOREWORD

THEY NEEDED A GOOD EATER, quick with a fork, but steady, one who could stay the courses. This is how I happened to be in a back room at La Bodega de la Familia. The front rooms were filled with people who needed help and their parents, children, spouses, partners, friends. Which is where food comes in. Family is about food, gathering it, cooking it, sitting down and appreciating it. No wonder that the most memorable events at La Bodega revolve around heaps of food brought in from the community. All that joy needed to be memorialized.

But before a book could go to press, there had to be one final test by a man of the tablecloth who will eat anything that won't eat him first, a person with enormous appetites and forgiving tastes. I began with Duck Confit Quesadillas, an appetizer created at Pierrot Bistro, a new restaurant around the corner. I was prepared to be snide about a French restaurant staple wrapped in a local crust. But the crust is wonderfully light, the duck is just fatty enough and there is a touch of spice that startles the buds. Now ready to rumble, I dug into the Salted Codfish Salad over yuca. The cook, Florencio Cuevas, senior case manager at Bodega, admits he would not be so trim if he made this dish more than twice a month.

My meal was salted with "Bodega thinking," which is the promise that this innovative center will be a model for mainstream institutions treating families and communities instead of just individuals. Inspired, I ate one of Denise Rosario's Brazilian Pasteis, which she sells from her corner stand, Rio Grande. Revived by the sumptuous Chai Tea from Lalita Java, I was able to eat the heavy, sensual coconut pudding made by Dormitilia Morales. In one last burst of gastro-bravado, I surrounded a slice of apple cobbler from Mama's Food Shop. And then I lurched uptown, thinking I might never eat again. But just in case, I made a note of Ninth Precinct Officer Jaimie Hernández' recipe for a cup of root beer, pound cake, and two scoops of ice cream. Mix well. It could tide you over.

ROBERT LIPSYTE
Columnist for the New York Times; *author of*
In the Country of Illness: Comfort and Advice for the Journey.

PRÓLOGO

NECESITABAN UN BUEN COMENSAL, rápido con el tenedor pero confiable, alguien que degustara todas las comidas. Así fue como llegué a La Bodega de la Familia.

La familia gira en torno a la comida, cómo conseguirla, cocinarla, sentarse y apreciarla en grupo. Por ello, no es una sorpresa que los eventos más memorables de La Bodega hayan estado rodeadas de grandes cantidades de comida preparada por la comunidad. Toda esa alegría al cocinar los platos requería ser recopilada. Pero antes de que este libro llegara a la imprenta, tenía que pasar por una última prueba, el paladar de un experto catador; uno que es capaz de comer cualquier cosa que no se lo coma a él primero.

Comencé con las quesadillas de confit de pato, un aperitivo creado por Pierrot Bistro. Estaba listo para escribir sobre un alimento francés envuelto en una corteza elaborada en la zona. Pero descubrí que la corteza es maravillosamente ligera y el pato contiene la cantidad necesaria de grasa y de picante. Sucumbí a la ensalada de bacalao, servida con yuca. El cocinero, Florencio Cuevas—gerente en jefe de casos de La Bodega—admitió que no sería tan esbelto si preparara este plato más de dos veces al mes.

El condimento de mis comidas fue "la manera de pensar de La Bodega", es decir, la promesa de que este innovador centro comunitario servirá como modelo a otras instituciones de corrientes similares que tratan con familias y comunidades, y no con los individuos. Inspirado en esta idea me comí uno de los pasteis brasileños de Denise Rosario vende en su kiosko, Rio Grande. Resucitado por un espléndido té chai de Lalita Java pude degustar el sensual pudín de coco preparado por Dormitilia Morales. En un último ímpetu gastronómico me abalancé sobre una rebanada de pastel de manzana del Mama's Food Shop. Regresé al norte de la ciudad y pensé que no comería nunca más. Pero por si acaso, anoté la receta de Jaimie Hernández, funcionario policial del 9° distrito, que incluye una taza de "root beer", una rebanada de bizcocho y dos raciones de helado. Mezcle bien. Es buena para reponerse.

ROBERT LIPSYTE
es columnista del New York Times *y el autor del libro*
In the Country of Illness: Comfort and Advice for the Journey.

ABOUT THIS BOOK

SERENDIPITY GAVE BIRTH to *La Cocina de la Familia*. On a cold winter afternoon, La Bodega de la Familia's community and government partners joined neighborhood residents to celebrate Three Kings' Day. At the site of a former drug-dealing bodega (neighborhood grocery store)—where clashes with the police used to be commonplace—a parole officer exchanged holiday greetings with a recovering drug user and long-time resident of Alphabet City. A former drug user's spouse chatted with a public housing official. These pairings were not unique among the many crowded into La Bodega's storefront to inaugurate the new year in traditional Puerto Rican fashion.

Between bites of arroz con gandules (rice with pigeon peas) and sips of coquito (Puerto Rican egg nog), guests exchanged stories about favorite foods and recipes. Although the afternoon was inspired by a Puerto Rican holiday, the variety of dishes—Italian, Puerto Rican, Mexican, Brazilian, American, and more—reflected the diversity of Alphabet City residents and the people who serve this community. As La Bodega staff witnessed the sharing of good food and personal reflections, family pride was palpable. That afternoon, the neighborhood celebrated the common language of food.

How fitting that this celebration should take place in a former bodega. In Puerto Rico, the bodega is a meeting place for the entire community. At a typical bodega, neighbors not only shop for groceries and play dominoes, they also gather to gossip, exchange recipes, and borrow the occasional cup of sugar. Although La Bodega is not a grocery store in the traditional sense, we too have created a gathering place that fosters family and community interaction. La Bodega is a neighborhood drug crisis center that recognizes that a supportive family is a drug user's best hope for recovery. La Bodega helps the hidden victims of substance abuse and, in turn, bolsters their ability to support their loved ones in treatment.

Our Three Kings' Day gathering was the catalyst for *La Cocina de la Familia*, which has expanded beyond the boundaries of one spirited afternoon. This neighborhood cookbook, with its recipes and stories, mirrors the work we do: By building on the strengths in our community and our government, *La Cocina de la Familia* celebrates families—and the flavors of Alphabet City.

SOBRE ESTE LIBRO

LA PROVIDENCIA DIO ORIGEN a *La Cocina de la Familia*. En una fría tarde invernal, miembros de la comunidad y funcionarios gubernamentales cercanos a La Bodega de la Familia se reunieron con los residentes del vecindario para celebrar el Día de los Tres Reyes Magos. En el mismo sitio donde antes funcionaba una bodega que servía de centro de distribución de drogas y que era escenario de frecuentes enfrentamientos con la policía, un funcionario de la Oficina de Libertad Bajo Palabra intercambiaba saludos con un residente de Alphabet City que se recuperaba de la drogadicción. La esposa de otro ex drogadicto charlaba con un funcionario de la oficina de vivienda pública.

Entre degustaciones de arroz con gandules y sorbos de coquito, los invitados intercambiaron historias sobre platos favoritos. Aunque la tarde estaba inspirada en una festividad puertorriqueña, la variedad de platos —italianos, mexicanos, brasileños, estadounidenses y más— reflejaba la diversidad de los residentes de Alphabet City y la de los que trabajan para esta comunidad. Mientras el equipo de La Bodega escuchaba los animados comentarios, el orgullo familiar era evidente. Esa tarde, el vecindario celebró el lenguaje común de la comida.

Cuán apropiado que esta celebración ocurriera en lo que había sido una bodega. En Puerto Rico, la bodega es un sitio de encuentro para la comunidad entera. Aunque La Bodega no es un lugar de venta de víveres en el sentido tradicional, nosotros también hemos creado un punto de encuentro que promueve el intercambio entre la familia y la comunidad. La Bodega es un centro comunitario para combatir la drogadicción que considera la solidaridad familiar como la mejor esperanza que puede tener un drogadicto para su recuperación. La Bodega ayuda a las víctimas menos conocidas de la drogadicción y las estimula a apoyar a sus seres queridos en rehabilitación.

Nuestra reunión de los Tres Reyes Magos fue el catalizador de *La Cocina de la Familia*. Este libro de cocina del vecindario, con sus recetas y sus historias, refleja el trabajo que realizamos: al resaltar los aspectos positivos de nuestra comunidad y nuestro gobierno, *La Cocina de la Familia* rinde homenaje a las familias de Alphabet City y a sus sabores.

THE RECIPES ON THESE PAGES come from people who are part of La Bodega's extended community of neighbors and partners. Among them — Adela Fargas, chef of a busy café around the corner from our storefront; General Barry McCaffrey, chief of the White House Office of National Drug Policy; New York City Probation Commissioner Raul Russi, whose office provides funding to La Bodega; and Elizabeth González, a local service provider and member of La Bodega's Community Advisory Board. The men and women who have contributed to this book don't all live or work on the Lower East Side, but they do share an appreciation for food and tradition, as well as a commitment to our community and La Bodega's goals. We asked for recipes and the stories behind them, and you are about to enjoy the treasures we received.

These recipes reflect the cultures of a variety of nations, but many have their origins in Puerto Rico and other Latin American countries such as Chile, Nicaragua, and Mexico. We have translated the text into Spanish—or in some cases from Spanish into English—in keeping with the bilingual climate of our organization.

The recipes have been edited for clarity and consistency, but we have tried to preserve the individual voice and style of each contributor. Where appropriate, we include helpful hints and suggestions to make preparation easier. At the back of the book, you will find a glossary describing some of the more uncommon ingredients (and stores where you can buy them), particularly those used in the dishes influenced by Puerto Rican or Latin American flavors. Items listed in the glossary are italicized within the recipes.

While some of these recipes come from restaurants and professionals, the bulk of them—unlike recipes in other cookbooks—were not created in a professional kitchen. They have been handed down through generations, improved upon and adjusted over the years, or invented out of necessity, curiosity, or just for fun. These dishes are meant to be prepared in the home, and to be shared by family and friends—at a weeknight supper table, a Saturday picnic, or a holiday celebration. We hope you enjoy them as much as we do!

L AS RECETAS DE ESTAS PÁGINAS provienen de los vecinos y amigos que constituyen la gran comunidad de La Bodega. Entre ellos están Adela Fargas, chef de un concurrido café ubicado en la esquina de nuestra sede; el general Barry McCaffrey, jefe de la Oficina Nacional Antidrogas de la Casa Blanca. También se cuentan Raul Russi, comisionado de la Oficina de Libertad Condicional de la Ciudad de New York, cuyo despacho financia a La Bodega; y Elizabeth González, facilitadora de servicio local y miembro del Consejo Consultivo de La Bodega. No todos los hombres y mujeres que han contribuido con este libro viven o trabajan en el Lower East Side —también llamado Loisaida por sus habitantes hispanos— pero comparten su aprecio por la cocina, las tradiciones y los compromisos con la comunidad, así como con La Bodega. Les pedimos recetas y sus respectivas historias y, ahora usted está a punto de disfrutar de los tesoros que recibimos.

Estas recetas reflejan la cultura de una variedad de naciones, pero la mayoría tienen su origen en Puerto Rico y otros países latinoamericanos. Hemos traducido el texto al español, y en otros casos del español al inglés, para preservar el ambiente bilingüe de nuestra organización.

Las recetas han sido editadas en busca de mayor claridad y consistencia, pero hemos tratado de mantener el estilo de cada colaborador. Al final del libro encontrará un glosario en el que se describen los ingredientes más desconocidos (y una lista de las tiendas donde comprarlos), en especial los utilizados en platos puertorriqueños o latinoamericanos. La lista de las palabras en el glosario aparecerán en itálica en cada una de las recetas incluidas en este texto. Las abreviaturas en español utilizadas en las recetas son: Cuch (por cucharada) y cuch (por cucharadita).

Aunque algunas de las recetas provienen de profesionales y restaurantes, la mayoría —a diferencia de los libros de cocina tradicionales— no fueron creadas en cocinas profesionales. Han sido transmitidas por generaciones, mejoradas con el correr de los años o creadas debido a la necesidad, curiosidad o simple diversión. Estos platos están pensados para cocinarlos en el hogar y degustarlos entre parientes y amigos, en la cena de un día de semana, un picnic sabatino o un feriado. ¡Esperamos que usted las disfrute tanto como nosotros!

Side Dishes, Starters, & Snacks

IN THIS CHAPTER you will find dishes traditionally served either before or alongside a main course, or as a snack between meals. There are soups, salads, rice dishes, and appetizers from a wide range of cultures and for all types of eaters: a Puerto Rican tripe soup perfect for an ailing body or soul, sautéed portobello mushrooms for vegetarians who miss the mouthfeel of steak, Eastern European stuffed cabbage for a taste of the old-time Lower East Side.

Don't let the chapter title fool you; most of these dishes can also be served as an entire meal. Throughout this book, serving sizes come from the contributor or are estimated when possible. Be sure to try a dish once to gauge how many it will serve, especially before making it as an entrée.

Contornos, aperitivos y meriendas

E N ESTE CAPÍTULO, usted encontrará platos tradicionales servidos como aperitivo, como acompañante de un plato principal o como una merienda. Hay sopas, ensaladas, arroz y refrigerios de diferentes culturas y para todo tipo de comensales: un mondongo puertorriqueño perfecto para revivir el cuerpo y alma de cualquiera, hongos salteados al portobello para vegetarianos que extrañan el sabor de la carne, o repollo relleno al estilo de Europa del Este para disfrutar el sabor del viejo Lower East Side.

No se deje engañar por el nombre del capítulo, porque muchas de estas recetas pueden servirse como platos principales. A lo largo del libro se indica la cantidad de porciones que permite cada plato, la cual es señalada por los colaboradores la mayoría de los casos. Asegúrese de preparar la receta al menos una vez, para estimar la cantidad de personas que puede saciar, especialmente si lo piensa servir como plato principal.

CODFISH FRITTERS

Gilbert Martinez

SOLD AT ROADSIDE
STANDS ALL OVER
PUERTO RICO, COD-
FISH FRITTERS ARE
GREAT ANY TIME,
EITHER ALONE,
OR ACCOMPANIED
BY RICE AND
BEANS. GILBERT
MARTÍNEZ HAS
FOND MEMORIES
OF HIS GRAND-
MOTHER MAKING
THEM DURING
SATURDAY AFTER-
NOON VISITS.

½ lb. codfish filet, dry, boneless
1½ cups flour
¾ tsp. salt
1 tsp. baking powder
¼ tsp. black pepper
2 cloves garlic, mashed
½ tsp. ground oregano
Vegetable oil, for frying

1. Cut the codfish into 2-inch pieces. Bring a large pot of water to a boil, add the pieces, and cook on high for 15 minutes. (Alternatively, you can soak the pieces in plenty of water for 3 hours). Drain codfish. Remove any skin and residual bones by shredding pieces through your fingers.
2. In a large bowl, combine the flour, salt, and baking powder. Gradually add 1½ cups water to form a batter. Add pepper, garlic, oregano and the cod pieces and mix well.
3. Heat oil in a deep frying pan to 375°. Using a ladle, pour batter into oil to make fritters. Turn each fritter once; remove when both sides are golden. Drain on paper towels and serve.

MAKES 25-30 FRITTERS

Note: Dried codfish filets can be found at fruit and vegetable stands, especially those with a wide selection of Latin American produce.

BACALAÍTO FRITO

Gilbert Martínez

½ lb de filetes de bacalao seco sin espinas
1½ taza de harina
¾ cuch de sal
1 cuch de levadura o polvo de hornear
¼ cuch de pimienta negra
2 dientes de ajo machacados
½ cuch de orégano molido
aceite vegetal para freír

1. Corte el bacalao en 2 piezas de 2 pulgadas cada una. Hierva el agua en una olla, luego añada el pescado y cocine a fuego alto durante 15 minutos. (Otra alternativa es sumergir las piezas en agua durante tres horas). Escurra el bacalao y desmenúcelo con sus dedos para asegurarse de que elimina toda la piel u otros residuos de cartílagos.
2. Mezcle la harina, la sal y la levadura en un recipiente grande. Lentamente, agregue 1½ taza de agua para formar una pasta. Añada la pimienta, el ajo, el orégano y los pedazos de bacalao y mézclelo todo muy bien.
3. Caliente el aceite en un sartén a 375°. Vierta la pasta en el aceite con un cucharón para hacer los bacalaítos. Voltéelos una vez y sáquelos cuando estén dorados por ambos lados. Colóquelos sobre papel absorbente para quitarles el aceite adicional y sírvalos.

25-30 PORCIONES

Nota: Los filetes de bacalao seco puede encontrarlos en las ventas de frutas y vegetales, especialmente aquellas con una amplia gama de productos latinoamericanos.

LOS BACALAÍTOS FRITOS, QUE NORMALMENTE SE VENDEN EN CUALQUIER CARRETERA DE PUERTO RICO, SON SABROSOS EN TODA OCASIÓN, YA SEA SOLOS O ACOMPAÑADOS CON ARROZ Y HABICHUELAS. GILBERT MARTÍNEZ TIENE GRATOS RECUERDOS DE CUANDO SU ABUELA LOS COCINABA DURANTE LAS VISITAS DE LOS SÁBADOS EN LA TARDE.

MINTED SWEET PEA AND SPINACH SOUP

Indiana Market & Catering

IF YOU'VE EVER BEEN TO A SPECIAL EVENT AT LA BODEGA, THERE'S A GOOD CHANCE IT WAS CATERED BY INDIANA MARKET & CATERING—ONE OF LA BODEGA'S FIRST SUPPORTERS —LOCATED AT SECOND AVENUE BETWEEN 4TH AND 5TH STREETS. THIS FLAVOR-PACKED SOUP IS THE PERFECT STARTER FOR A DINNER PARTY, AN INTIMATE GATHERING, OR A FAMILY SUPPER.

4 Tbsps. sweet butter
2 cups finely chopped yellow onions
10 oz. frozen chopped spinach, defrosted
3 cups chicken stock
1 lb. peas, fresh or frozen

Fresh mint leaves (about 2 cups, loosely packed)
1 cup heavy cream
Salt and freshly ground pepper, to taste

1. Melt the butter in a pot. Add the chopped onions, cover, and cook over low heat until tender and lightly colored, about 25 minutes.
2. Meanwhile, drain the spinach and squeeze out the excess liquid. Pour the chicken stock into the pot, stir in the peas and spinach, and bring to a boil. Reduce heat and simmer, partially covered, until peas are tender, about 20 minutes.
3. When the peas are tender, add the mint to the pot, cover, and simmer for another 5 minutes.
4. Pour the soup through a strainer, reserving the liquid, and transfer the solids to the bowl of a food processor fitted with a steel blade, or to a food mill fitted with a medium disk. Add 1 cup of the cooking stock and process until smooth.

5. Return puréed soup to the pot. Add cream and about 1 cup reserved cooking liquid until the soup is of the desired consistency.
6. Season to taste with salt and pepper, simmer briefly to heat through, and serve immediately.

SERVES 4-6

SOPA DE PETIT-POIS CON MENTA Y ESPINACA

Indiana Market & Catering

SI USTED ALGUNA VEZ HA PRESEN-CIADO UN EVENTO IMPORTANTE EN LA BODEGA, ES MUY PROBABLE QUE LA COMIDA ALLÍ OFRECIDA FUERA PREPARADA POR INDIANA MARKET & CATERING, UNO DE NUESTROS MÁS ANTIGUOS Y SOLI-DARIOS COLABORA-DORES, UBICADO EN SEGUNDA AVENIDA, ENTRE LAS CALLES 4 Y 5. ESTA SOPA LLENA DE SABOR ES LA PERFECTA ENTRADA PARA UNA CENA ENTRE AMIGOS, ÍNTIMA O FAMILIAR.

4 Cuch de mantequilla sin sal

2 tazas de cebollas bien picaditas

10 oz de espinaca descongelada picada

3 tazas de concentrado de pollo

1 lb de petit-pois frescos o congelados

hojas de menta fresca (cerca de 2 tazas, sin compactar)

1 taza de crema de leche

sal y pimienta recién molida al gusto

1. Derrita la mantequilla en una olla. Añada las cebollas picadas, tápela y cocine a fuego lento hasta que se ablanden y tomen color, alrededor de 25 minutos.

2. Entretanto, escurra la espinaca y exprima el exceso de líquido. Vierta el concentrado de pollo en la olla, mezcle los petit-pois con la espinaca y llévelos a un hervor. Reduzca el fuego y cocine hasta que los petit-pois estén suaves, unos 20 minutos, con la olla parcialmente tapada.

3. Cuando los petit-pois estén blandos, agregue la menta, tape la olla y cocine por otros 5 minutos.

4. Vierta la sopa en un colador, guarde el líquido y ponga los ingredientes sólidos en una picadora de alimentos con cuchillas de acero o en un molino de

alimentos que tenga un disco de tamaño mediano.
Añada 1 taza del concentrado de pollo y triture los
sólidos hasta obtener un puré homogéneo.

5. Coloque el puré en la olla. Añada la crema y una
taza del líquido que había apartado hasta que la
sopa obtenga la consistencia deseada.

6. Sazone al gusto con sal y pimienta y caliéntela a
fuego medio antes de servir.

4-6 PORCIONES

TRIPE SOUP
(MONDONGO)

Adela Fargas

Adela Fargas

BECAUSE OF ITS
RICH BROTH—HIGH
IN IRON, POTASSIUM,
AND PROTEIN—
MONDONGO IS
THOUGHT TO REVIVE
THE ILL. THIS ONE
IS PRACTICALLY THE
SIGNATURE DISH AT
CASA ADELA, A
PUERTO RICAN
RESTAURANT ON
AVENUE C AT 4TH
STREET. OTHER
FAVORITES AT CASA
ADELA INCLUDE
ARROZ CON
GANDULES (RICE
WITH PIGEON PEAS),
ROASTED CHICKEN,
AND FRESH
SQUEEZED JUICES.

2 lbs. honeycomb tripe,
   cut into small pieces
4 cups lemon juice,
   combined with 8 cups
   cold water
3 qts. cold water,
   mixed with 1 Tbsp. salt
1 Tbsp. *annatto* oil
1 Tbsp. corn oil
¼ pound smoked ham,
   diced
½ cup *recaíto*

1 cup tomato sauce
1 cup *alcaparrado*
½ pound each *yautía* (taro
   root), yuca (cassava),
   and calabaza (West
   Indian pumpkin),
   all peeled and diced
1 green plantain,
   peeled and sliced
4 bay leaves
½ Tbsp. black pepper
Salt, to taste

1. Soak the tripe in the lemon water for 30 minutes.
2. Rinse, put in a large soup pot with the salted
   water, and bring to a boil.
3. Lower the heat, cover, and simmer for about
   2½ hours or until the tripe is tender.
4. Drain and rinse.
5. In a clean pot, heat the *annatto* and corn oils.
6. Add the ham, *recaíto*, tomato sauce, and *alcaparrado*,
   and sauté over medium heat for 5 minutes.

7. Add the tripe, vegetables, plantain, bay leaves, and enough cold water to cover. Add the black pepper and salt.
8. Bring to a boil, reduce the heat, and simmer for 40 minutes or until the root vegetables are cooked.

SERVES 10-15

Note: You can also add 1 cup drained canned garbanzos (chick-peas) to taste. Add them 5 minutes before serving.

MONDONGO

Adela Fargas

2 lb de tripa cortada en pedazos pequeños

4 tazas de jugo de limón, mezclados con 8 tazas de agua fría

¾ galón de agua fría mezclada con una cucharada de sal

1 Cuch de aceite de *achiote*

1 Cuch de aceite de maíz

¼ lb de jamón ahumado, cortado en cubitos

½ taza de *recaíto*

1 taza de salsa de tomate

1 taza de *alcaparrado*

½ lb de cada una: *yautía*, yuca y calabaza, peladas y cortadas en cubitos

1 *plátano* verde, pelado y cortado en tajadas

4 hojas de laurel

½ Cuch de pimienta negra

sal al gusto

1. Remoje la tripa en el jugo de limón durante 30 minutos.
2. Escúrrala, colóquela al fuego en una olla grande con agua y sal hasta que hierva.
3. Disminuya el fuego, tape la olla y cocine durante 2 horas y media o hasta que la tripa se ablande.
4. Escurra y enjuague.
5. Caliente los aceites de maíz y el *achiote* en una olla limpia.
6. Añada el jamón, el *recaíto*, la salsa de tomate y el *alcaparrado*, y sofríalos a temperatura media durante 5 minutos.

7. Añada la tripa, los vegetales, el *plátano,* las hojas de laurel y suficiente agua fría para cubrirlo todo. Añada la pimienta negra y la sal.
8. Llévelo a un hervor, reduzca el fuego y cocine a fuego lento durante 40 minutos o hasta que los vegetales se hayan cocido por dentro.

10- 5 PORCIONES

Nota: También puede agregarle una lata de garbanzos sin agua 5 minutos antes de servir para realzar el sabor.

STUFFED CABBAGE

Steven Sanders

JUST LIKE MANY
OF THE EARLY
IMMIGRANTS IN
THE LOWER EAST
SIDE, THIS DISH IS
ORIGINALLY FROM
EASTERN EUROPE.
WHILE THE
NEIGHBORHOOD
AND ITS CULINARY
INFLUENCES MAY
HAVE CHANGED,
STUFFED CABBAGE
WILL ALWAYS
BE A TREAT.

2 large heads cabbage

1-1½ lbs. ground beef

⅓ cup uncooked white rice (rinsed in cold water)

1 onion, grated

Salt and pepper, to taste

28-oz. can tomato sauce

28-oz. can sauerkraut

Juice of 1 lemon

⅓ cup ketchup

2 Tbsps. brown sugar

1. In a large pot of boiling water, cook the cabbage until the leaves are soft enough to be removed from the head easily, about 2-5 minutes. Cut away part of the thickness at the center of each leaf.
2. In a large bowl, combine the beef, rice, onion, salt, pepper, and 1-2 tablespoons of the tomato sauce.
3. Put 2-3 tablespoons of the meat mixture on a cabbage leaf and roll up, tucking in the sides burrito-style. Repeat with the rest of the meat mixture.
4. Cut up any remaining cabbage and place on the bottom of a large pot. Add half of the sauerkraut and place the cabbage rolls over it. Add the rest of the tomato sauce and sauerkraut, the lemon juice, ketchup, and brown sugar.
5. Add cold water to cover and bring to a boil. (Taste the liquid: If necessary, add more brown sugar or lemon juice to make it sweet or sour to your taste.) Reduce to a simmer and cook, covered, for 2-2½ hours. Serve the cabbage rolls with the sauce.

SERVES 8-10

Note: You can soften the cabbage in the microwave instead of boiling it in Step 1. Remove the cores, place in a plastic bag, and cook on high for 6-10 minutes, checking frequently, until the leaves are soft enough to peel away.

REPOLLO RELLENO

Steven Sanders

2 repollos grandes
1-1½ lb de carne molida
   (de res)
⅓ taza de arroz blanco crudo
   (remojado en agua fría)
1 cebolla rallada
sal y pimienta al gusto

1 lata de 28 oz de salsa
   de tomate
1 lata de 28 oz de
   sauerkraut
jugo de 1 limón
⅓ taza de ketchup
2 Cuch de azúcar morena

1. En una olla de agua hirviente, cocine el repollo entre 2-5 minutos, hasta que las hojas estén tan blandas que se puedan desprender fácilmente. Elimine la parte dura que las hojas tienen en el centro.
2. En un recipiente grande, mezcle la carne de res, el arroz, la cebolla, la sal, la pimienta y 1-2 cucharadas de salsa de tomate.
3. Coloque 2-3 cucharadas de la carne preparada en la hoja de repollo y enróllela, doblando las puntas al estilo de los burritos. Haga lo mismo con el resto de la carne.
4. Corte el repollo sobrante y colóquelo en el fondo de una olla grande. Añada la mitad del sauerkraut y coloque encima los rollos de repollo. Añada el resto de la salsa de tomate y del sauerkraut, el jugo de limón, la ketchup y el azúcar morena.
5. Agregue agua fría hasta cubrir todo y llévela a un hervor. (Pruebe el caldo y si es necesario, agregue más azúcar morena o más jugo de limón para hacerlo más dulce o más amargo, según prefiera). Hierva hasta que se evapore el agua, cubra el recipiente y cocine durante 2-2½ horas. Sirva los rollos de repollo con la salsa.

8-10 PORCIONES

AL IGUAL QUE MUCHOS DE LOS PRIMEROS INMIGRANTES QUE LLEGARON AL LOWER EAST SIDE, ESTE PLATO PROVIENE DE EUROPA DEL ESTE. AUNQUE EL VECINDARIO Y SUS GUSTOS CULINARIOS HAYAN CAMBIADO, EL REPOLLO RELLENO SIEMPRE SERÁ UNA DELICIA.

RICE WITH SQUID

Ana Nazario

FOR ANA NAZARIO, THIS PUERTO RICAN FAVORITE IS MORE THAN JUST A DISH HER MOTHER USED TO MAKE. SHE REMEMBERS BEING TAUGHT TO PREPARE IT, AND EVEN REMEMBERS BEING TOLD, "ONE DAY YOU WILL COOK THIS FOR YOUR OWN FAMILY."

"FOR A BRIEF MOMENT," SHE SAYS, "I SAW MY FUTURE, AND FROM THAT DAY FORWARD, TOOK COOKING MUCH MORE SER- IOUSLY." YOU CAN BET SHE'LL BE PASSING THIS ONE DOWN TO HER OWN CHILDREN.

¼ cup cooking oil
1 Tbsp. *sofrito*
1 envelope *sazón*
Adobo, to taste
2 cups *alcaparrado*

Three 8-oz. cans squid
8-oz. can tomato sauce
1¼ cups uncooked
   white rice

1. Heat the oil in a large pot. Add the *sofrito, sazón, adobo,* and *alcaparrado.*
2. Add the squid, tomato sauce, 2½ cups water, and rice.
3. Bring to a boil, reduce to a simmer, and cook until the rice is cooked through, about 20 minutes.

SERVES 10-12

ARROZ CON CALAMARES

Ana Nazario

¼ taza de aceite para
  cocinar
1 Cuch de *sofrito*
1 sobre de *sazón*
adobo, al gusto
1-2 tazas de *alcaparrado*

3 latas de calamares
  de 8 oz cada una
1 lata de salsa de tomate
  de 8 oz
1¼ taza de arroz blanco
  crudo

1. Caliente el aceite en una olla grande. Añada el *sofrito*, el *sazón*, el *adobo* y el *alcaparrado*.
2. Añada los calamares, la salsa de tomate, 2½ tazas de agua y el arroz.
3. Llévelo a un hervor, reduzca el fuego y cocine el arroz durante 20 minutos aproximadamente, hasta que esté cocido completamente.

10-12 PORCIONES

PARA ANA NAZARIO, ESTE POPULAR PLATO PUERTORRIQUEÑO ES MÁS QUE UNO DE LOS PLATOS PREPARADOS POR SU MAMÁ. ELLA RECUERDA CÓMO LE ENSEÑARON A PREPARARLO Y LE DECÍAN: "ALGÚN DÍA LO COCINARÁS PARA TU PROPIA FAMILIA".

"POR UN MOMENTO VI MI FUTURO Y DESDE ESE DÍA TOMÉ LA COCINA MÁS SERIAMENTE", DICE NAZARIO. USTED PUEDE ESTAR SEGURO DE QUE ANA ENSEÑARÁ ESTA RECETA A SUS HIJOS.

MINESTRONE SOUP WITH PARSLEY GARNISH

Charles J. and B. Whitney Devlin

B. WHITNEY DEVLIN INVENTED HER VERSION OF THIS ITALIAN FAVORITE DURING HER DAYS AS A CATERER AND COOKING TEACHER, AFTER SHE DECIDED TO WORK AT HOME AND SPEND MORE TIME WITH HER FAMILY. "AS AN ADDED BONUS," SHE SAYS, "WHEN I PREPARE THIS, MY KIDS LOVE TO HELP WITH THE COOKING."

6 slices bacon, cut up
2 Tbsps. olive oil
2 cloves garlic, crushed
2 small onions, sliced
2 large carrots, sliced
2 ribs celery, sliced
½ head cabbage, sliced
½ cup fresh mushrooms, sliced
6 cups beef broth
20-oz. can chick-peas or kidney beans
½ cup lima beans
28-oz. can crushed tomatoes
1 tsp. thyme
1 tsp. salt
Freshly ground pepper, to taste
1 cup pasta shells or ¾ cup of orzo
½ cup frozen peas
20-oz. can cannellini beans
½ lb. grated parmesan cheese

1. Sauté bacon in a soup pot until the bacon is lightly browned.
2. Add oil, garlic, and sliced vegetables. Sauté until tender.
3. Add all the remaining ingredients except the pasta, peas, cannellini beans, and cheese.
4. Bring to a boil and add the pasta. Lower the heat and simmer for 15 minutes, stirring occasionally.
5. Add the peas and beans and simmer an additional 10 minutes.
6. Taste and correct seasoning, if necessary. Serve hot or at room temperature, topped with the parmesan and Parsley Garnish.

PARSLEY GARNISH

1 egg

2 tsp. lemon juice
   or vinegar

1 tsp. Dijon mustard

½-1 tsp. salt

Freshly ground black
   pepper

1 cup vegetable oil

¼ cup olive oil

2 Tbsps. fresh parsley

2 cloves garlic

1. In a food processor fitted with a steel blade,
   combine egg, lemon juice, mustard, salt, and
   pepper. Process for 2-3 seconds. Gradually pour
   vegetable and olive oil through the feed tube,
   very slowly at first, while machine is still running.
2. As mixture thickens, the sound of the machine will
   change. Taste and add seasoning if necessary.
   With machine running, drop garlic and parsley
   through feed tube and process until finely
   chopped. Serve with minestrone soup.

*Note: Keep extra garnish in a covered container in the refrigerator
for use as salad dressing or sandwich spread.*

SERVES 8

MENESTRÓN CON ADEREZO DE PEREJIL

Charles J. y B. Whitney Devlin

6 rebanadas de tocineta picada
2 Cuch de aceite de oliva
2 dientes de ajo machacados
2 cebollas pequeñas rebanadas
2 zanahorias grandes rebanadas
2 ramitas de apio rebanadas
½ repollo rebanado
½ taza de hongos frescos rebanados
6 tazas de caldo de carne
1 lata de garbanzos o habichuelas coloradas grandes de 20 oz.

½ taza de habas tiernas
1 lata de pasta de tomate de 28 oz
1 cuch de tomillo
1 cuch de sal
pimienta recién molida al gusto
1 taza de pasta de caracoles ó ¾ taza de orzo
½ taza de petit-pois congelados
1 lata de habichuelas cannellini de 20 oz
½ lb de queso parmesano rallado

1. Sofría la tocineta en una olla sopera hasta que adquiera un color dorado.
2. Agregue el aceite, el ajo y los vegetales rebanados. Sofría hasta que queden tiernos.
3. Añada los ingredientes restantes excepto la pasta, los petit-pois, las habichuelas cannellini y el queso.

4. Llévelo a un hervor y añada la pasta. Reduzca el fuego y cocine durante 15 minutos. Remueva ocasionalmente.
5. Añada las habichuelas y los petit-pois y cocine durante otros 10 minutos.
6. Pruébelo y corrija la sazón, si fuera necesario. Sirva caliente o a temperatura ambiente y espolvoree el parmesano y el aderezo de perejil.

ADEREZO DE PEREJIL

1 huevo
2 cuch de jugo de limón o vinagre
1 cuch de mostaza Dijon
½-1 cuch de sal
pimienta negra recién molida

1 taza de aceite vegetal
¼ taza de aceite de oliva
2 Cuch de perejil fresco
2 dientes de ajo

1. Mezcle los huevos, el jugo de limón, la mostaza, la sal y la pimienta en una picadora de alimentos con cuchilla de acero. Vierta el aceite vegetal y de oliva a la mezcla gradualmente cada 2-3 segundos mientras la máquina aún esté girando.
2. El sonido de la máquina cambiará cuando la mezcla se espese. Pruébela y condimente si cree necesario. Con la picadora aún encendida añada el ajo y el perejil hasta que haya sido triturado. Sirva con el menestrón.

Nota: Mantenga el sazón adicional en un envase refrigerado para utilizarlo como aderezo de ensalada o crema para untar sándwich.

8 PORCIONES

DUCK CONFIT QUESADILLAS

Pierrot Bistro

¾ oz. spinach
½ oz. wild mushrooms, preferably cremini
Butter for sautéing
1 duck leg cooked in duck fat, up to 2 days prior
½ tsp. roasted poblano peppers, finely diced

½ oz. black pepper brie
Two 12-inch flour tortillas
½ cup sour cream
1 Tbsp. vanilla yogurt
1 tsp. chopped fresh chives
½ tsp. finely diced chipolte peppers, or less, to taste

1. Chop and sauté the spinach and mushrooms in butter. Remove the duck from the bone and finely shred.
2. Mix together the spinach, mushrooms, duck, and poblanos. Spoon onto a tortilla and top with brie. Cover with the other tortilla.
3. Cook on a grated grill until cheese is melted and tortillas are marked with lines from the grill.
4. Serve immediately, with the following sauce on the side.
5. For sauce: mix together the sour cream, yogurt, chives, and chipolte peppers.

SERVES 1

Note: You can sauté the spinach and mushrooms in olive oil instead of butter. Also, if you do not have a grill, you can cook the quesadilla in a frying pan in a little butter or olive oil.

QUESADILLAS DE CONFIT DE PATO

Pierrot Bistro

¾ oz de espinaca

½ oz de hongos salvajes, preferiblemente cremini

mantequilla para sofreír

1 pata de pato cocida en grasa de pato, con hasta 2 días de antelación

½ cuch de chiles poblanos asados cortados en cubitos pequeños

½ oz de queso brie con pimienta negra

2 tortillas de harina de 12 pulgadas

½ taza de crema agria

1 Cuch de yogur de vainilla

1 cuch de cebollines frescos cortados

½ cuch o menos (al gusto) de chiles chipolte picados en cubitos pequeños

1. Corte y sofría la espinaca y los hongos en la mantequilla. Desmenuce el pato hasta dejar la carne sin hueso.
2. Mezcle la espinaca, los hongos, los poblanos y el pato. Coloque una cucharada sobre una tortilla, añada el queso brie y cúbralo con la otra tortilla.
3. Cocine en una parrilla hasta que el queso se derrita y las rejas de la parrilla queden marcadas en las tortillas. Sirva.
4. Para la salsa: mezcle la crema agria, el yogur, los cebollines y los chiles chipolte

1 PORCIÓN

Nota: Puede sofreír la espinaca y los hongos en aceite de oliva en lugar de mantequilla. Si no tiene una parrilla, puede cocinar la quesadilla en un sartén empapado de aceite de oliva o de mantequilla.

PIERROT BISTRO ES UN EXCELENTE CAFÉ FRANCÉS QUE RECIENTEMENTE ABRIÓ EN LA AVENIDA C, CERCA DE LA CALLE 3. CUANDO USTED PRUEBE ESTAS MARAVILLOSAS QUESADILLAS— QUE TIENEN INFLUENCIA FRANCESA, ESPAÑOLA Y MEXICANA—SE DARÁ CUENTA POR QUÉ SE ESTÁN CONVIRTIENDO EN UNO DE LOS PLATILLOS FAVORITOS EN ALPHABET CITY.

EMPANADAS FRITAS

Nora Reissig-Lazarro

FOR THE FILLING:

½ lb. very coarsely chopped ground beef
Vegetable oil
2 coarsely chopped onions
2 oz. raisins
12 pitted green olives, quartered
2 oz. cooked, chopped sweet red peppers (optional)

½ tsp. paprika
¼-½ tsp. ground cumin, to taste
½ tsp. salt, to taste
Black pepper, to taste
2 hard-boiled eggs, coarsely chopped

FOR THE DOUGH:

¼ cup olive oil
¼ cup milk

¼ cup sweet vermouth
3-4 cups flour

TO MAKE THE FILLING:

1. Lightly coat a skillet with vegetable oil and brown the beef, stirring and breaking up the lumps with a wooden spoon.
2. Add the onions and cook, stirring, until the onions are soft, about 7 minutes.
3. Add the raisins, olives, red peppers (if using), paprika, cumin, salt, and pepper and stir.
4. Transfer to a covered bowl and refrigerate for several hours or overnight.

TO MAKE THE DOUGH AND ASSEMBLE
THE EMPANADAS:

1. In a large bowl, combine the oil, milk, and vermouth. Add the flour, a little at a time, to make a dough that is not too smooth and not too sticky.
2. Do not knead the dough. Instead, hold it from one end and slam it against the counter repeatedly until it becomes smooth and elastic.
3. On a lightly floured board, roll the dough to ⅛-inch thickness and, using a cookie cutter or a glass dipped in flour, cut out 5-inch circles.
4. Put 1 tablespoon of filling and some chopped egg on the center of each circle.
5. Moisten the edges of each circle with water and fold in half. Seal by pressing with a fork or using your fingers.
6. Gather the remaining dough, roll it out again, and make and fill more circles until you run out of dough or filling.
7. Fry the turnovers in small batches in 3-inch deep vegetable oil or lard heated to 375° in a large pan or skillet.
8. Turn frequently until they are browned; remove using a slotted spoon. Drain on paper towels and serve.

SERVES 10-20

EMPANADAS FRITAS

Nora Reissig-Lazarro

LAS EMPANADAS, PLATO TÍPICO DE SUDAMÉRICA, PUEDEN SER DULCES O SALADAS Y PUEDEN SER SERVIDAS COMO APERITIVO, PLATO PRINCIPAL O POSTRE. HE AQUÍ DOS VERSIONES DIFERENTES DE EMPANADAS PRESENTADAS POR AMIGOS DE LA BODEGA.

PARA EL RELLENO:

½ lb de carne de res molida
aceite vegetal
2 cebollas picadas en rebanadas gruesas
2 oz de pasas
12 aceitunas verdes con hueso, picadas
2 oz de pimientos morrones cocidos (opcional)
½ cuch de pimentón (paprika)
¼-½ cuch de comino molido, al gusto
½ cuch de sal al gusto
pimienta negra al gusto
2 huevos sancochados picados en rebanadas gruesas

PARA LA MASA:

¼ taza de aceite de oliva
¼ taza de leche
¼ taza de vermut dulce
3-4 tazas de harina

PREPARACIÓN DEL RELLENO:

1. Humedezca el sartén con aceite vegetal y dore la carne. Separe y elimine los grumos con una cuchara de madera.
2. Agregue las cebollas y cocínelas mientras las remueve durante 7 minutos o hasta que ablanden.
3. Agregue las pasas, las aceitunas, los pimientos morrones (si los está usando), el pimentón, la sal, la pimienta y sofría.
4. Colóquelo en un recipiente tapado y refrigérelo durante varias horas o hasta la mañana siguiente.

PREPARACIÓN DE LA MASA Y FORMA
DE LAS EMPANADAS:

1. En un envase grande, mezcle el aceite, la leche y el vermut. Añada la harina, poco a poco, hasta lograr una masa que no sea muy líquida pero tampoco muy pegajosa.
2. No la amase. En cambio, sosténgala por un extremo y golpéela contra el mesón hasta que se vuelva elástica.
3. En una superficie ligeramente recubierta de harina, compacte la masa hasta que alcance un grosor de ⅛ pulgada y corte círculos de 5 pulgadas, usando un molde de galletas o un vaso previamente recubierto de harina.
4. Coloque una cucharada de relleno y una porción de huevo picado en el centro de cada círculo.
5. Humedezca los bordes de cada círculo con agua, dóblelo por la mitad y junte ambos bordes. Presione los bordes con un tenedor o con sus dedos para sellar la empanada.
6. Siga el mismo proceso con el resto de la masa sobrante.
7. Fría pocas empanadas a la vez en 3 pulgadas de aceite vegetal o manteca a 375° en un sartén grande.
8. Voltéelas con frecuencia hasta que se doren y retírelas con una paleta agujereada. Escúrralas en papel absorbente y sirva.

10-20 PORCIONES

BRAZILIAN PASTEIS

Denise Rosario

5 lbs. white flour
5 eggs
2 Tbsps. salt
1 cup milk
1 cup oil

About ½ lb. cooked meat,
chicken, or vegetables,
or cheese or fruit, for
filling
Oil, for frying

1. In a large bowl, combine the flour, eggs, salt, milk, and oil to form a dough.
2. Place dough on a lightly floured surface and knead until smooth (not too hard or too soft).
3. With a rolling pin, roll out the dough. Cut out 5-inch circles, place filling in the center, and fold over to seal.
4. Fry the empanadas in oil for 2-5 minutes until browned and serve.

SERVES 20-25

Note: You may want to try a half recipe at first; since this makes a large number of empanadas.

PASTEIS BRASILEÑOS

Denise Rosario

5 lb de harina blanca

5 huevos

2 Cuch de sal

1 taza de leche

1 taza de aceite

cerca de ½ lb
de carne cocida, pollo,
vegetales, queso o fruta
para el relleno

aceite para freír

1. En un envase grande mezcle la harina, los huevos,
   la leche y el aceite hasta formar una masa.
2. Coloque la masa sobre una superficie ligeramente
   recubierta de harina y amásela hasta que quede
   homogénea (ni muy dura ni muy suave).
3. Aplaste la masa con un rodillo. Corte círculos de
   5 pulgadas, coloque el relleno en el centro y doble
   por la mitad de manera que una las dos puntas.
4. Fría las empanadas en aceite por 2-5 minutos hasta
   que se doren y sirva.

20-25 PORCIONES

*Nota: Pruebe la primera vez con la mitad de los ingredientes,
porque esta receta es para muchas personas.*

RÍO GRANDE ES UN SITIO DE REUNIÓN Y DE VENTA DE COMIDA UBICADO FRENTE A LA BODEGA. SI USTED LO VISITA AL MEDIODÍA, SEGURO ENCONTRARÁ CUALQUIER CANTIDAD DE TRABAJADORES DE LA SALUD DEL VECINDARIO, PERSONAL DE LA BODEGA Y TAXISTAS. COMPARTIR Y DEGUSTAR EL EXQUISITO MENÚ SON LOS PASATIEMPOS FAVORITOS. ESTA RECETA DE EMPANADAS PROVIENE DEL DUEÑO DE RÍO GRANDE, QUIEN LA HEREDÓ DE SU ABUELA BRASILEÑA.

YELLOW RICE WITH CORN AND VIENNA SAUSAGE

Maria Serrano

4-6 Tbsps. vegetable oil
4 packets of *sazón*
 con achiote
28-oz. can tomato sauce
Two 15 ½-oz. cans
 whole-kernel corn
Two 9-oz. cans
 Vienna sausage

2½ cups uncooked extra-
 long-grain enriched rice
 (Canilla brand, if
 available)
Chopped green or red bell
 peppers for garnish

1. Heat the oil in a skillet over medium heat. Add the *sazón* and cook until the oil becomes a brownish color.
2. Add the tomato sauce, corn, and sausage and bring to a boil.
3. Add the rice and 2½ cups water and stir.
4. Bring to a boil, reduce to a simmer, and cover.
5. Cook for 30 minutes over a low flame, until the rice is cooked through.
6. Stir and serve garnished with green or red peppers.

SERVES 10-12

ARROZ CON MAÍZ Y SALCHICHAS

María Serrano

4-6 Cuch de aceite vegetal
4 paquetes de *sazón* con *achiote*
1 lata de salsa de tomate de 28 oz
2 latas de granos de maíz enteros de 15½ oz
2 latas de salchichas vienesas de 9 oz

2½ tazas de arroz de grano extra grande enriquecido (marca Canilla, si es posible)
Pimientos verdes o morrones picados para adornar

1. Caliente el aceite en un sartén a fuego medio. Añada la *sazón* y cocine hasta que el aceite se torne color marrón.
2. Añada la salsa de tomate, el maíz y las salchichas y llévelo a un hervor.
3. Añada el arroz y 2½ tazas de agua y mezcle.
4. Llévelo a otro hervor, reduzca el fuego y tape la olla.
5. Manténgalo durante 30 minutos a fuego lento hasta que el arroz se cocine completamente.
6. Mezcle y sirva adornado con los pimientos verdes o morrones.

10-12 PORCIONES

HE AQUÍ UNO DE LOS PLATOS TÍPICOS PARA QUIENES HAN SIDO CRIADOS EN PUERTO RICO: ES FÁCIL DE PREPARAR, CON MUCHO SABOR Y HACE QUE POCA COMIDA RINDA MUCHO.

REGINA'S SAUERKRAUT BARLEY SOUP

Gloria Danzinger

THIS IS ANOTHER EASTERN EUROPEAN STANDBY. GLORIA DANZINGER'S FAMILY SECRET IS TO SAUTÉ FLOUR IN MARGARINE AND ADD IT TO THE POT. IT ADDS RICHNESS AND DARKENS THE BROTH OF THIS HOMEY, FILLING SOUP.

½-1 cup barley
2 Tbsps. vegetable oil
1 Tbsp. dried onions
4 slices kosher salami (optional)
1 Tbsp. margarine
1 Tbsp. flour

1-2 cups sauerkraut
1 cup vegetable of your choice
Pinch of paprika
1-2 tsps. soy sauce
1-2 tsps. tomato juice

1. Bring 2 quarts of water to a rolling boil and add the barley. Reduce to a simmer and cook for 30 minutes. Add water to cover if it all evaporates.
2. Heat the oil in a skillet. Add the onion and salami (if using) and sauté. Add to the barley in the soup pot.
3. Melt the margarine in the skillet and add the flour. Cook, stirring constantly, for 3-5 minutes until the flour begins to brown. Add to the soup pot.
4. Add the sauerkraut and vegetable to the soup.
5. Add the paprika, soy sauce, and tomato juice. Bring to a boil and cook for 30 minutes.

SERVES 6-8

Note: You can be creative when it comes to adding vegetables. Suggestions include: broccoli florets, chopped carrots, whole-kernel corn, sliced zucchini, and diced bell pepper.

SOPA DE CEBADA Y SAUERKRAUT DE REGINA

Gloria Danzinger

½-1 taza de cebada
2 Cuch de aceite vegetal
1 Cuch de cebollas secas
4 rebanadas de salami
   kosher (opcional)
1 Cuch de margarina
1 Cuch de harina
1-2 taza de sauerkraut

1 taza de vegetales de su
   preferencia
Una pizca de pimentón
   (paprika)
1-2 cuch de salsa de soya
1-2 cuch de jugo
   de tomate

ESTE ES OTRO DE LOS PLATOS DE EUROPA DEL ESTE QUE USTED PUEDE UTILIZAR. EL SECRETO FAMILIAR DE GLORIA DANZINGER ES SOFREÍR HARINA EN MARGARINA Y AGREGARLA A LA OLLA PARA ENRIQUECER Y OSCURECER EL CALDO DE ESTA SOPA CASERA Y GUSTOSA.

1. Lleve ½ galón de agua a un hervor y añádale la cebada. Reduzca el fuego y cocine durante 30 minutos. Agregue más agua para cubrirla si se evapora completamente.
2. Caliente el aceite en un sartén. Agregue la cebolla y el salami (si lo está usando) y sofríalos. Agréguelos a la cebada en la olla de la sopa.
3. Derrita la margarina en el sartén y añada la harina. Cocine, moviendo constantemente, durante 3-5 minutos hasta que la harina comience a dorarse. Agregue a la olla de la sopa.
4. Añada el sauerkraut y el vegetal a la sopa.
5. Agregue el pimentón, la salsa de soya y el jugo de tomate. Lleve a un hervor y cocine durante 30 minutos.

6-8 PORCIONES

Nota: Usted puede ser creativo al añadir vegetales. Las sugerencias incluyen brócoli, zanahorias picadas, granos de maíz enteros, calabacín rebanado y pimientos picados en cubitos.

BLACK BEANS À LA VINAIGRETTE

Nydia M. Velázquez

HERE'S A RECIPE
THAT CONGRESS-
WOMAN VELÁZQUEZ
OF THE 12TH
CONGRESSIONAL
DISTRICT ON THE
LOWER EAST SIDE
MAKES FOR HER
STAFF WHEN
THEY'RE WORKING
LATE. HER STAFF
THINKS IT'S A
TREAT TO HAVE
HOME COOKING
AT THE OFFICE—
ESPECIALLY WHEN
IT'S AS TASTY
AS THIS.

3 Tbsps. olive oil
1 Tbsp. Balsamic vinegar
2 garlic cloves, minced
Juice of 1 orange
3 Tbsps. chopped
  fresh cilantro
4-6 plum tomatoes,
  chopped
1 red onion,
  finely chopped

1-2 jalapeño peppers,
  finely chopped
1 yellow bell pepper, diced
1 red bell pepper, diced
1 cup diced mango
  or pineapple
6 oz. capers
Two 15 ½-oz. cans black
  beans, rinsed (or less,
  to taste)

1. In a medium bowl, combine the oil, vinegar, garlic, orange juice, and cilantro. Let stand for 1-2 hours.
2. In a large bowl, combine the remaining ingredients in the order they appear.
3. Add the dressing and mix well.

SERVES 6-8

Note: This dish is also great with white or yellow rice, or as a side dish to seafood, poultry, or pork.

HABICHUELAS NEGRAS À LA VINAGRETA

Nydia M. Velázquez

3 Cuch de aceite de oliva
1 Cuch de vinagre
   balsámico
2 dientes de ajo triturados
jugo de 1 naranja
3 Cuch de cilantro fresco
   picado
4-6 tomates italianos
   picados
1 cebolla roja bien
   picadita
1-2 pimientos jalapeños
   bien picaditos

1 pimiento amarillo
   picado en cubitos
1 pimiento morrón
   picado en cubitos
1 taza de mango o piña
   picados en cubitos
6 oz de alcaparras
2 latas de habichuelas
   negras de 15½ oz
   escurridas o menos,
   al gusto

1. En un recipiente mediano, mezcle el aceite, el vinagre, el ajo, el jugo de naranja y el cilantro. Déjelos reposar por 1-2 horas.
2. En un envase más grande, mezcle los ingredientes restantes en el mismo orden.
3. Añada la salsa y mezcle bien.

6-8 PORCIONES

Nota: Este plato también es delicioso con arroz blanco o amarillo, o como acompañante de comida de mar, aves o puerco.

ESTA ES LA RECETA QUE LA CONGRESISTA VELÁZQUEZ, DEL DISTRITO 12 EN EL LOWER EAST SIDE, PREPARA PARA SU EQUIPO CUANDO TRABAJAN HASTA TARDE. SUS AYUDANTES PIENSAN QUE ES UN TESORO TENER COMIDA CASERA EN LA OFICINA, ESPECIALMENTE SI ES TAN SABROSA COMO ÉSTA.

PORTOBELLO "STEAK-TASTING" MUSHROOMS

Sarah Michaels

ALSO CALLED "ROMA" MUSH-ROOMS, PORTO-BELLOS ARE LARGE AND CIRCULAR, WITH LONG THICK STEMS. WHEN COOKED, THEY BECOME MEATY AND FLAVORFUL, AND FEEL ALMOST LIKE STEAK. THEY CAN BE FOUND IN GROCERY STORES ON AVENUE A, AND ARE QUICKLY BECOMING AN AMER-ICAN STANDARD.

Olive oil
3 cloves garlic, chopped
Black pepper
Dash Balsamic vinegar
1 bunch fresh spinach
  leaves (optional)

5 portobello mushrooms,
  wiped clean
Sun-dried tomatoes,
  packed in oil (optional)
1-2 Tbsps. soy sauce,
  to taste

1. Coat the bottom of a skillet with olive oil. When the oil is hot, but not smoking, add the garlic, black pepper, and vinegar. Sauté the garlic without browning, 1-2 minutes. Add the spinach, if using.

2. Slice the mushroom caps the long way, about ½-thick. Cut the stems into small pieces.

3. Add the mushrooms (and sun-dried tomatoes, if using) to the skillet and sauté until the mushrooms are squishy and tender, 5-15 minutes to taste.

4. Sprinkle the soy sauce and more black pepper over the mixture and serve.

SERVES 2

Note: You can sauté the mushroom caps whole if you like. They may take a little longer to cook, but their texture will be even more like steak.

HONGOS PORTOBELLO "CON SABOR A BISTEC"

Sarah Michaels

aceite de oliva
3 dientes de ajo machacados
pimienta negra
un chorrito de vinagre balsámico
1 racimo de hojas de espinaca (opcional)

5 hongos portobello limpios
tomates secos envasados en aceite (opcional)
1-2 Cuch de salsa de soya al gusto

1. Humedezca el sartén con aceite de oliva. Cuando el aceite esté caliente pero antes de que eche humo, añada el ajo, la pimienta negra y el vinagre. Sofría el ajo sin que se dore por 1-2 minutos. Agregue la espinaca, si la está usando.
2. Corte la parte superior de los hongos por la mitad con un grosor de ½ pulgada y, los tallos, en pedazos pequeños.
3. Añada los hongos (y los tomates secos, si los está usando) al sartén y sofríalos hasta que se tornen blandos y húmedos, entre 5-15 minutos, según prefiera.
4. Salpique con salsa de soya y más pimienta negra y sirva.

2 PORCIONES

Nota: Usted puede sofreír la parte superior de los hongos sin picarlos, si así lo desea. Tardarán más en cocerse pero su textura será todavía más parecida a un bistec.

TAMBIÉN LLAMADOS HONGOS "ROMA", LOS PORTOBELLO SON GRANDES Y REDONDOS, CON TALLOS LARGOS Y GRUESOS. CUANDO LOS COCINA, SE VUELVEN MUY GUSTOSOS Y TAN PARECIDOS A LA CARNE QUE CASI SE SIENTEN COMO UN BISTEC. PUEDE COMPRARLOS EN LAS VENTAS DE COMESTIBLES DE LA AVENIDA A. RÁPIDAMENTE SE ESTÁN CONVIRTIENDO EN UNO DE LOS PLATOS MÁS POPULARES DE ESTADOS UNIDOS.

ESCABECHE

Inés Morales

ESCABECHE, WHICH
MEANS "MARINADE"
IN SPANISH, IS A
TRADITIONAL
PUERTO RICAN
SEAFOOD DISH.

6 salmon steaks,
   seasoned in salt and
   pepper overnight
1 Tbsp. plus 1 cup
   olive oil

2 red onions, diced
1 yellow onion, diced
2 large green bell peppers,
   diced
1 red bell pepper, diced

1. In a large frying pan, simmer the fish and onions in 1 Tbsp. of the olive oil and ½ cup water.
2. When the salmon is cooked through, remove from the heat and cool.
3. Place all ingredients in a large jar, about 1 foot tall, and refrigerate.
4. Serve chilled with rice, *plantains,* or alone.

SERVES 6

ESCABECHE

Inés Morales

6 filetes de salmón, sazonados en sal y pimienta la noche anterior

1 Cuch y 1 taza de aceite de oliva

2 cebollas rojas, picadas en cubitos

1 cebolla amarillo, picada en cubitos

2 pimientos verdes grandes picados en cubitos

1 pimiento morrón picado en cubitos

1. En un sartén grande, fría el pescado y las cebollas en 1 cucharada de aceite de oliva y ½ taza de agua.
2. Cuando el salmón esté completamente cocido, retírelo del fuego y déjelo enfriar.
3. Ponga todos los ingredientes en una jarra de un pie de alto y refrigérala.
4. Sirva frío con arroz, *plátanos* o solo.

6 PORCIONES

CEVICHE

Julio Urbina

EVERY YEAR JULIO URBINA AND HIS FATHER DROVE TO MEXICO FROM NEW YORK CITY FOR A TASTE OF HOME. ONE OF THE DISHES THEY ENJOYED IN TUXPÁN, VERACRUZ' WAS CEVICHE—A SALAD OF RAW FISH MARINATED IN FRESH LIME JUICE. THE ACID IN THE LIME "COOKS" THE FISH SO THAT IT NO LONGER HAS THE TEXTURE NOR THE TASTE OF RAW FISH. THIS DISH REMINDS JULIO OF HOME, HIS FATHER, AND MEXICAN HOSPITALITY.

1 lb. firm white ocean fish (like scrod), or scallops, cut into small cubes
Juice of 8-10 limes
1 tomato, peeled and diced
½ white onion, thinly sliced into rings
2 jalapeno peppers, seeded and chopped, or to taste

2 Tbsps. olive oil
2 Tbsps. red wine vinegar
2 Tbsps. chopped cilantro leaves
10 Spanish olives (with pimiento) whole, or to taste
1 ripe avocado (preferably Haas), peeled and sliced
Saltine crackers

1. Place the fish in a glass or porcelain bowl. (Do not use metal.)
2. Pour the lime juice over the fish. Marinate in the refrigerator overnight or for at least 4 hours, stirring occasionally until the fish is opaque.
3. Add the tomato, onion, chilies, oil, vinegar, cilantro, and olives and mix gently. Refrigerate another 2 hours.
4. Garnish with the avocado slices and serve with Saltine crackers

SERVES 4

Note: Do not peel and slice the avocado until you are ready to serve the dish. Otherwise, the flesh will turn brown when exposed to air.

CEVICHE

Julio Urbina

1 lb de pescado blanco
de mar (como el
bacalao) o mejillones
o "scallops", picados
en cubos pequeños
jugo de 8 a 10 limas
1 tomate pelado y cortado
en cubitos
½ cebolla blanca cortada
en aros finos
2 chiles jalapeño cortados
y con semillas
(al gusto)

2 Cuch de aceite de oliva
2 Cuch de vinagre de
vino tinto
2 Cuch de hojas de
cilantro picadas
10 aceitunas españolas
enteras (con pimiento)
al gusto
1 aguacate
(preferiblemente Haas)
pelado y picado
galletas marca Saltine

1. Coloque el pescado en un recipiente de porcelana
   o vidrio (no use metal).
2. Vierta el jugo de lima sobre el pescado. Déjelo
   marinar en el refrigerador hasta el día siguiente o
   mínimo durante 4 horas. Muévalo ocasionalmente
   hasta que el pescado se vuelva opaco.
3. Añada el tomate, la cebolla, los chiles, el aceite, el
   vinagre, el cilantro y las aceitunas y mezcle bien.
   Refrigérelo otras dos horas.
4. Adórnelo con las rebanadas de aguacate y sirva
   con las galletas Saltine.

4 PORCIONES

*Nota: No pele y pique el aguacate hasta que esté listo para servir.
En caso contrario, se pone negro y pierde frescura.*

CADA AÑO JULIO
URBINA Y SU PADRE
IBAN DESDE NEW
YORK A MÉXICO
PARA DELEITARSE
CON LA COMIDA DE
CASA. UNO DE LOS
PLATOS QUE AMBOS
DISFRUTABAN EN
TUXPÁN, VERACRUZ,
ERA EL CEVICHE:
UNA ENSALADA DE
PESCADO CRUDO
MARINADO EN JUGO
NATURAL DE LIMA.
EL ÁCIDO DE LA
LIMA "COCINA" EL
PESCADO DE TAL
FORMA QUE PIERDE
LA TEXTURA Y EL
SABOR DE PESCADO
CRUDO. JULIO
RECUERDA SU
HOGAR, SU PADRE
Y LA HOSPITALIDAD
MEXICANA CON
ESTE PLATO.

CHOPPED HERRING WITH APPLES

Robert Morgenthau

HERE'S A CREATIVE
APPETIZER FROM
THE MANHATTAN
DISTRICT ATTORNEY
THAT ONCE
APPEARED IN THE
NEW YORK TIMES.
HE HAS AN APPLE
ORCHARD UPSTATE
AND CAN NEVER
RESIST SHARING
A GOOD APPLE
RECIPE.

1 large medium-tart apple, (Rome, Cortland, or MacIntosh,) cored and cubed, but not peeled
1 small onion, diced
1 stalk celery, diced
1 medium-sized cooked beet, diced

1 Matjes herring filet, rinsed, drained, and chopped
1 Tbsp. mayonnaise, or more, to taste
1 tsp. Dijon mustard

1. Combine ingredients and chill.
2. Serve with dark bread or crackers.

SERVES 2

ARENQUE PICADO CON MANZANAS

Robert Morgenthau

1 manzana ácida grande (Roma, Cortland o MacIntosh) sin corazón, cortada en cubos y sin pelar

1 cebolla pequeña cortada en cubos

1 tallo de apio cortado en cubitos

1 remolacha mediana cocida y cortada en cubitos

1 filete de arenque Matjes limpio, escurrido y picado

1 Cuch de mayonesa o más, al gusto

1 cuch de mostaza Dijon

1. Mezcle todos los ingredientes y refrigere.
2. Sirva con pan negro o galletas.

2 PORCIONES

HE AQUÍ UN ORIGINAL APERITIVO CEDIDO POR ROBERT MORGENTHAU, EL FISCAL DE MANHATTAN, QUE UNA VEZ FUERA PUBLICADO POR THE NEW YORK TIMES. MORGENTHAU TIENE UN HUERTO DE MANZANAS AL NORTE DEL ESTADO Y NUNCA RESISTE LA TENTACIÓN DE COMPARTIR UNA BUENA RECETA DE MANZANAS.

Main Dishes

IN ALPHABET CITY and across the country, families sit down to dinner each night and enjoy entrées inspired by cuisines around the globe. There is something for everyone in this eclectic collection of main dishes: from President Clinton's Favorite Enchiladas and New York Governor George E. Pataki's Beef Stew to neighborhood resident Cookie Mohammed's Curried Chicken and La Bodega staffer Fred Weinberg's low-fat turkey chili.

Don't be limited by categories, however. Most of these dishes would be great any time of day, and can easily be turned into side dishes or appetizers. Or be creative and try two or three of them together for an international buffet or informal feast.

Platos principales

EN ALPHABET CITY y en el resto del país, las familias degustan platos inspirados por cocinas de todo el planeta cuando se sientan a cenar cada noche. Hay algo para cada quien en esta ecléctica lista de platos principales: desde las enchiladas predilectas del presidente Bill Clinton y la carne guisada favorita de George E. Pataki, gobernador de New York, hasta el pollo con curry de nuestra vecina Cookie Mohammed y el chile de pavo con poca grasa de Fred Weinberg, miembro del equipo de La Bodega.

No se limite por la clasificación. La mayoría de los platos son excelentes a cualquier hora y también pueden funcionar como contornos o aperitivos. Aplique la creatividad y dos o tres platos juntos para un bufé internacional o un banquete informal.

QUICK BEEF STEW

Elizabeth González

UNLIKE HER
MOTHER, DOÑA
MARÍA RODRÍGUEZ,
ELIZABETH
GONZÁLES SERVES
THIS WARM AND
HEARTY PUERTO
RICAN-STYLE
BEEF STEW OVER
BROWN RICE
INSTEAD OF WHITE,
ILLUSTRATING
HOW PERSONAL
TOUCHES CAN
HELP KEEP FAMILY
TRADITIONS ALIVE.

2-3 lbs. shoulder steak

3-4 small potatoes, peeled and quartered

1 small onion, chopped

2 carrots, peeled and chopped

1 bay leaf

1 tsp. salt, or more, to taste

1 tsp. garlic powder, or more, to taste

1 tsp. onion powder, or more, to taste

1 tsp. black pepper, or more, to taste

1 small envelope *sazón con achiote*

4½-oz. can Goya tomato sauce

1 Tbsp. tomato paste

1. Trim the fat from the meat and cut it into small cubes.
2. Combine the meat, potatoes, onion, carrots, and bay leaf in a large pot and heat over a medium flame.
3. Add 1½ cups water, the salt, garlic powder, onion powder, and pepper.
4. Add the *sazón*, tomato sauce, and tomato paste. Stir and cover. Let the stew cook for 45 minutes over a low to medium flame, stirring frequently, until the meat is cooked through and tender.

SERVES 4-6

Note: If you like, you can add a tablespoon of light olive oil and a tablespoon of alcaparrado *before serving. Also, you can add little ears of frozen corn halfway through the cooking time.*

CARNE GUISADA

Elizabeth González

2-3 lb de bistec de lomo de res

3-4 papas pequeñas peladas y picadas en cuartos

1 cebolla pequeña picada

2 zanahorias peladas y picadas

1 hoja de laurel

1 cuch de sal o más, al gusto

1 cuch de ajo en polvo o más, al gusto

1 cuch de cebolla polvo o más, al gusto

1 cuch de pimienta negra o más, al gusto

1 paquete pequeño de *sazón* con *achiote*

1 lata de salsa de tomate Goya de 4½ oz

1 Cuch de pasta de tomate

1. Corte y separe la grasa de la carne y píquela en cubitos pequeños.
2. Mezcle la carne, los tomates, las cebollas, las zanahorias y el laurel en una olla grande y caliéntela a fuego medio.
3. Añada 1½ taza de agua, la sal, la pimienta, el ajo y la cebolla en polvo.
4. Añada la *sazón*, la salsa de tomate y la pasta de tomate. Remueva y tape la olla. Guise durante 45 minutos a fuego lento o medio y remueva frecuentemente hasta que la carne se cocine completamente y se ponga blanda.

4-6 PORCIONES

Nota: Si desea, puede añadir una cucharada de aceite de oliva liviano o una cucharada de alcaparrado *antes de servir. También puede agregar pequeñas mazorcas de maíz congeladas durante la cocción.*

A DIFERENCIA DE SU MADRE, DOÑA MARÍA RODRÍGUEZ, ELIZABETH GONZÁLES SIRVE ESTA CARNE GUISADA TÍPICA PUERTORRIQUEÑA CON ARROZ INTEGRAL EN VEZ DE ARROZ BLANCO, CON LO QUE DEMUESTRA CÓMO LOS TOQUES PERSONALES AYUDAN A MANTENER VIVAS LAS TRADICIONES DE FAMILIA.

CHICKEN ROLL

Vaughn D. Clements

Vaughn D. Clements

THIS RECIPE COMES FROM THE CHEF AT MEKKA, A BUSTLING SOUL FOOD RESTAURANT ON AVENUE A NEAR 2ND STREET. IF YOU FIND YOURSELF WAITING THERE FOR A TABLE, BE SURE TO TAKE A LOOK AT THE BAR. THIS WOODEN STRUCTURE ORIGINALLY STOOD IN THE SPACE THAT NOW HOUSES THE LA BODEGA OFFICES.

Two 4-oz. skinless, boneless chicken breasts

4 Tbsps. unsalted or sweet butter

1 Tbsp. chopped garlic

¼ cup zucchini, cut into julienne strips

¼ cup fancy mushrooms (such as shiitake, cremini, or porcini), cut into julienne strips

¼ cup carrots, cut into julienne strips and blanched

½ cup plain bread crumbs

¼ cup white wine

½ cup sliced fancy mushrooms

1 cup heavy cream

½ tsp. cayenne pepper

1 Tbsp. cornstarch mixed with 1 Tbsp. lukewarm water

1. Place the chicken breasts between 2 sheets of waxed paper and, using a wooden mallet or the flat part of a skillet, pound the chicken to ¼-inch thickness. Set aside.

2. In a saucepan, combine butter and garlic and sauté until browned, 1-2 minutes. Add the zucchini, julienne-cut mushrooms, and carrots and cook until tender, about 5 minutes. Add the bread crumbs, stirring until the ingredients are blended together. Remove from heat and cool.

3. Spread half the mixture over the rough side of each chicken breast. Roll up the chicken (as if you were rolling a rolling pin) and secure with a wooden skewer. Bake the chicken rolls at 350° until the chicken is brown and cooked through.

4. Meanwhile, make the sauce: Combine the wine and sliced mushrooms in a skillet. Heat and reduce. Add the heavy cream and cayenne pepper and bring to a boil. Add the cornstarch mixture and cook, stirring constantly, until the sauce has thickened.
5. Slice the chicken rolls on an angle, exposing the filling. Place the slices on a plate, pour the sauce on top, and serve with rice pilaf or vegetables of your choice.

SERVES 2

Note: Julienne-cut vegetables resemble match sticks. Cut the carrot and zucchini into chunks first, and then slice them lengthwise into strips. Slice the mushrooms in half if the caps are large, and then into thin match stick-sized strips.

ROLLITOS DE POLLO

Vaughn D. Clements

ESTA RECETA FUE
UNA CONTRIBUCIÓN
DEL CHEF DE
MEKKA, UN CON-
CURRIDO CAFÉ DE
COMIDA SOUL EN LA
AVENIDA A, CERCA
DE LA CALLE 2°. SI
ALGUNA VEZ DEBE
ESPERAR ALLÍ POR
UNA MESA LIBRE,
ASEGÚRESE DE
FIJARSE EN EL BAR.
LA ESTRUCTURA
DE MADERA
ORIGINALMENTE
ESTUVO EN EL
RECINTO DONDE
HOY FUNCIONA
LA BODEGA.

2 pechugas de pollo
deshuesadas de 4 oz
4 Cuch de mantequilla
sin sal
1 Cuch de ajo picado
¼ taza de calabacines
cortados a la juliana
(en tiras iguales)
¼ taza de hongos finos
(shiitake, cremini o
porcini) cortados
a la juliana
¼ taza de zanahorias
cortadas a la juliana y
hervidas para decolorarlas
y pelarlas

½ taza de pan rallado
¼ taza de vino blanco
½ taza de hongos finos
rebanados
1 taza de crema de leche
½ cuch de pimienta
de cayena
1 Cuch de maicena
mezclada con 1 Cuch
de agua tibia

1. Coloque las pechugas de pollo entre 2 hojas de
papel encerado y, con un mazo de madera o el lado
plano de un sartén, golpee el pollo hasta que tenga
un grosor de ¼ pulgada. Póngalo aparte.
2. En un sartén, sofría el ajo en la mantequilla hasta
que se dore, entre 1-2 minutos. Añada los
calabacines, los hongos cortados a la juliana, las
zanahorias, y cocine durante 5 minutos, hasta que
se ablanden. Añada el pan rallado y remueva bien
todos los ingredientes. Retire del fuego y enfríe.

3. Vierta la mitad de la mezcla sobre el lado áspero del pollo. Enrolle el pollo, como si estuviera usando un rodillo y asegúrelo con un palillo de madera. Horneélo a 350° hasta que se dore.

4. Mientras, prepare la salsa: mezcle el vino con los hongos rebanados en un sartén. Caliente y disminuya el fuego. Añada la crema de leche y la pimienta de cayena y llévelo a un hervor. Añada la mezcla de maicena y cocine, removiendo constantemente hasta que la salsa espese.

5. Corte los rollos de pollo de forma transversal para que se vea el relleno. Ponga las rebanadas en un plato, vierta la salsa y sirva un "pilaf" de arroz sobre vegetales de su preferencia.

2 PORCIONES

Nota: Los vegetales cortados a la juliana se parecen a unos fósforos. Primero corte la zanahoria y el calabacín en trozos gruesos y después rebánelos en tiras. Rebane los hongos por la mitad si la cabeza es grande y luego en tiras del mismo tamaño y grosor de un fósforo.

PLANTAIN CONES

Diana Matos

THE FIRST TIME
DIANA MATOS
PREPARED THIS
SPANISH CLASSIC,
SHE WAS NINE-
YEARS-OLD. HER
GRANDMOTHER,
WHO LIVED
UPSTAIRS, CALLED
THE DIRECTIONS
DOWN FROM HER
WINDOW. "I'LL
NEVER FORGET THE
DAY," DIANA SAYS,
"SHE TOLD ME TO
FRY THE PLANTAINS
IN ONE CUP OF OIL,
BUT INSTEAD I
USED ONE WHOLE
BOTTLE!"

1 lb. chopped meat
1 tsp. *sofrito*
1 envelope *sazón*
1 tsp. garlic powder
½ tsp. *adobo*

1 red pepper, sliced
3 yellow *plantains*
1 cup corn oil
1 pack of toothpicks

1. In a large bowl, combine the chopped meat, *sofrito*, *sazón*, and garlic powder.
2. Heat a skillet or frying pan over medium heat. Add the meat mixture and *adobo* and sauté, stirring. When the meat is almost cooked, add the sliced pepper.
3. Once all the ingredients are cooked thoroughly, let them cool.
4. Slice the *plantains* lengthwise, and fry the slices in the corn oil, turning frequently.
5. Once the *plantains* are semi-brown, remove the slices and place them over the chopped meat.
6. When the slices have cooled, roll the meat mixture up into the slices, using a toothpick to hold the balls together, and serve.

SERVES 3-4

PIONONOS

Diana Matos

1 lb de carne picada
1 cuch de *sofrito*
1 sobre de *sazón*
1 cuch de ajo en polvo
½ cuch *adobo*

1 pimiento morrón
 rebanado
3 *plátanos* maduros
1 taza de aceite de maíz
1 caja de palillos
 de dientes

1. Mezcle la carne picada, el *sofrito*, el *sazón* y el ajo en polvo en un recipiente grande.
2. Caliente un sartén a fuego medio. Sofría la mezcla y el *adobo* con la carne mientras la remueve. Cuando esté casi cocida, añada el pimiento.
3. Una vez que todos los ingredientes estén cocidos, déjelos enfriar.
4. Rebane los *plátanos* a lo largo y fría las tajadas en aceite de maíz, volteándolas con frecuencia.
5. Cuando estén semidorados, retire las tajadas y colóquelas sobre la carne picada.
6. Cuando las tajadas se enfríen, envuelva con ellas peloticas de carne. Sujételas con los palillos de dientes. Sirva.

3-4 PORCIONES

DIANA MATOS TENÍA 9 AÑOS DE EDAD CUANDO PREPARÓ POR PRIMERA VEZ ESTE CLÁSICO DE LA COCINA HISPANA. SU ABUELA, QUE VIVÍA EN EL PISO DE ARRIBA, LE DIO LAS INSTRUCCIONES A TRAVÉS DE LA VENTANA. "NUNCA OLVIDARÉ ESE DÍA. ¡ME DIJO QUE FRIERA LOS PLÁTANOS EN UNA TAZA DE ACEITE, PERO YO USÉ UNA BOTELLA ENTERA!", CUENTA DIANA.

BALSAMIC CHICKEN

Phil Tesoro

NEIGHBORHOOD
FIREMAN PHIL
TESORO CREATED
THIS DISH FOR HIS
COWORKERS AT
LADDER 11. IT IS
READY IN AN HOUR,
SO MOST OF THE
TIME, HE CAN PRE-
PARE IT WITHOUT
BEING INTERRUPT-
ED BY AN ALARM.

7 lbs. boneless chicken breast cutlets
Olive oil—enough to cover bottom of large frying pan
6 cloves garlic, chopped
1 large red onion, chopped
20 plum tomatoes, chopped
1½ cups Balsamic vinegar

1. Preheat the oven to 350°.
2. Pan-fry the chicken cutlets in the oil until they are brown on both sides.
3. Place the cutlets in a large, deep baking pan.
4. In the frying pan, sauté the garlic for 1-2 minutes. Add the red onion and tomatoes.
5. When the onion becomes transparent, add the vinegar.
6. Pour the vinegar mixture over the chicken cutlets and bake, covered, for about 40 minutes or until the chicken is cooked through.

SERVES 12-14

Note: This is designed to feed an entire crew; use half as much chicken for a family of six. If you do so, cut back on the garlic (unless you like it spicy), and use half as many tomatoes and ½-1 cup of vinegar.

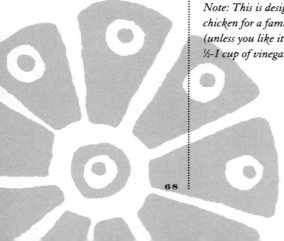

POLLO EN VINAGRE BALSÁMICO

Phil Tesoro

7 lb de pechuga de pollo deshuesada

aceite de oliva suficiente para cubrir el fondo de un sartén grande

6 dientes de ajo picados

1 cebolla roja grande picada

20 tomates italianos picados

1½ taza de vinagre balsámico

1. Caliente el horno a 350°.
2. Fría las pechugas en el sartén hasta que se doren por ambos lados.
3. Colóquelas en un recipiente para hornear.
4. Sofría el ajo por 1-2 minutos en el sartén. Añada la cebolla roja y los tomates.
5. Cuando las cebollas se pongan transparentes, añada el vinagre.
6. Vierta la mezcla del vinagre sobre las pechugas, cúbralas y hornéelas durante 40 minutos.

12-14 PORCIONES

Nota: Esta receta puede alimentar un batallón entero. Para una familia de seis personas, reduzca a la mitad la cantidad de pollo, tomates, ajo (a menos que le guste picante) y use ½-1 taza de vinagre.

PHIL TESORO, NUESTRO VECINO BOMBERO, CREÓ ESTE PLATO PARA SUS COMPAÑEROS DEL CAMIÓN 11. ESTÁ LISTO EN UNA HORA, ASÍ QUE LA MAYORÍA DE LAS VECES PUEDE PREPARARLO SIN QUE A ALARMA UN INCENDIO LO INTERRUMPA.

YELLOW RICE WITH GOYA BEANS AND FRIED CHICKEN

Helen Hernández

THIS IS ONE OF
NEIGHBORHOOD
RESIDENT HELEN
HERNÁNDEZ'S
FAVORITE DISHES.
IT'S GOOD ON ANY
OCCASION AND IS
QUITE FILLING.

2 Tbsps. vegetable oil
2 cups Goya tomato sauce
1 cup *sofrito*
2 packets *sazón con achiote*
1 cup chicken stock
Adobo, to taste

15 ½-oz. can Goya
   red beans
2 cups rice
Salt, to taste
5-6 pieces fried chicken
   (breasts, legs, thighs)

1. In a large saucepan, heat 1 tablespoon of the oil and tomato sauce. Add *sofrito*, 1 packet *sazón*, chicken stock, and *adobo*. Stir in the beans and cook 5 minutes.
2. Add the rice to the pot, along with the remaining packet of *sazón*, the salt, the remaining tablespoon of oil, and water to cover. Bring to a boil, reduce to a simmer and cook, covered, until the water has evaporated and the rice is cooked through. Serve with the fried chicken.

SERVES 6-8

Note: While Helen Hernández uses Goya beans and tomato sauce, you can use any brand you like.

ARROZ AMARILLO CON HABICHUELAS GOYA Y POLLO FRITO

Helen Hernández

2 Cuch de aceite vegetal

2 tazas de salsa de tomate marca Goya

1 taza de *sofrito*

2 paquetes de *sazón* con *achiote*

1 taza de concentrado de pollo

adobo al gusto

1 lata de habichuelas rojas marca Goya de 15 ½ oz

2 tazas de arroz

sal al gusto

5-6 pedazos de pollo frito (pechugas, muslos)

1. Caliente una cucharada del aceite y la salsa de tomate en un sartén grande. Añada *sofrito,* un paquete del *sazón,* concentrado de pollo, *adobo* y las habichuelas y cocine por 5 minutos.

2. Añada el arroz a la olla, junto con el resto del paquete de *sazón,* la sal, la restante cucharada de aceite y agua que cubra todo. Llévelo a un hervor, reduzca el fuego y con la olla tapada, cocine hasta que el agua se evapore y el arroz esté cocido. Sirva con el pollo.

6-8 PORCIONES

Nota: Helen Hernández usa habichuelas y salsa de tomate Goya, pero usted puede usar la marca que desee.

MOTHER'S POT ROAST

Jill and Barry McCaffrey

HERE'S A POT ROAST FROM SOME OF LA BODEGA'S FRIENDS IN WASHINGTON— BARRY MCCAFFREY, HEAD OF THE WHITE HOUSE OFFICE OF NATIONAL DRUG POLICY, AND HIS WIFE JILL. ACCORDING TO JILL, THIS WAS A POPULAR DISH AT GATHERINGS OF FAMILIES WAITING FOR THEIR LOVED ONES TO RETURN FROM THE GULF WAR.

4-6 lbs. chuck or
  round roast
Flour or salt (optional)
10- or 12-oz. can cream
  of mushroom soup
1 package Lipton
  noodle soup mix

1 Tbsp. sugar
1 Tbsp. vinegar
1 clove garlic
½ cup potato chunks
½ cup chopped carrots
½ cup chopped onion
½ cup chopped celery

1. Flour or salt the roast if desired, but do not sear it.
2. In a Dutch oven or covered casserole, combine the roast, canned soup, soup mix, sugar, vinegar, and garlic.
3. Cover tightly and bake in a 325° oven for 3-4 hours or until the meat is tender.
4. During the last hour of cooking, add the potato, carrots, onion, and celery.

SERVES 10-12

Note: You can use small new potatoes instead of chopped potatoes, if you like. Feel free to chop the vegetables into large chunks; they'll roast nicely and will make a great side dish.

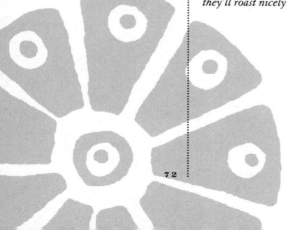

EL ASADO DE MAMÁ

Jill y Barry McCaffrey

4-6 lb de asado de lomo
harina o sal (opcional)
1 lata de crema de hongos
   de 10-12 oz
1 paquete de sopa de
   fideos marca Lipton
1 Cuch de azúcar
1 Cuch de vinagre

1 diente de ajo
½ taza de papa picada
   en trozos
½ taza de zanahoria
   picada
½ taza de cebolla picada
½ taza de apio picado

1. Pase la carne por sal o por harina si desea, pero sin dejar que se seque.
2. Mezcle la carne, el paquete de sopa, el azúcar, el vinagre y el ajo en un horno holandés o cacerola cubierta.
3. Cúbrala y hornee a 325° por 3-4 horas o hasta que la carne se ablande.
4. Durante la última hora de cocción, añada la papa, zanahoria, cebolla y apio.

10-12 PORCIONES

Nota: Puede usar papas pequeñas en lugar de las picadas, si desea. También puede cortar los vegetales en pedazos grandes para que se asen bien y sean el acompañante perfecto.

ÉSTE ES EL ASADO DE ALGUNOS AMIGOS DE LA BODEGA EN WASHINGTON: BARRY MCCAFFREY, JEFE DE LA OFICINA NACIONAL ANTI-DROGAS DE LA CASA BLANCA Y SU ESPOSA JILL. SEGÚN ELLA, ESTE PLATO FUE POPULAR Y COMPARTIDO ENTRE LAS FAMILIAS QUE ESPERABAN EL REGRESO DE SERES QUERIDOS DE LA GUERRA DEL GOLFO.

PIGNON
(MEAT PIE)

Kathy Huertas-Guzmán

Kathy Huertas-Guzmán

AS A YOUNG BRIDE, KATHY WATCHED HER MOTHER-IN-LAW PREPARE THIS DISH FOR HER SON. HE LIKED IT SO MUCH THAT KATHY WAS DETERMINED TO MAKE IT FOR HER HUSBAND ON HER OWN. SHE THOUGHT HER FIRST MEAT PIE CAME OUT WELL, UNTIL THEY SAT DOWN TO EAT AND FOUND SHE HAD FORGOTTEN TO COOK THE BANANAS. LUCKILY, LATER ATTEMPTS WERE SUCCESSFUL.

4 yellow bananas, sliced at an angle
Oil, for frying
2 lbs. ground beef (see note)

14½-oz. can French-cut green beans
1 dozen eggs

1. In a large skillet, fry the banana slices in oil. Set aside. Fry the meat and combine with string beans.
2. Separate 6 of the eggs. Whip egg whites until fluffy. Mix yolks and fold into whites.
3. Heat 1 tablespoon of oil in a large skillet. Place half of the banana slices in a single layer in the pan. Pour the egg mixture over the bananas and top with half of the ground beef. Cook until eggs set, 10-20 minutes. Loosen edges of mixture from pan with a sharp knife. Remove from heat. Place a plate over the mixture and turn pan over so that the egg mixture sits on the plate.
4. Repeat with remaining ingredients. When cooked, slide second layer on top of the first, and serve with rice or salad.

SERVES 8-10

Note: Season the meat to taste while cooking. Suggested additions include garlic, sazón, adobo, *herbs, and chopped potatoes.*

PIGNON
(PASTEL DE CARNE)

Kathy Huertas-Guzmán

4 guineos amarillos cortados transversalmente
aceite para freír
2 lb de carne molida (ver nota)

1 lata de habichuelas verdes francesas picadas de 14½ oz
1 docena de huevos

1. Fría las tajadas de guineos en aceite en un sartén grande. Póngalas a un lado. Fría la carne y mézclela con habichuelas tiernas.
2. Separe 6 de los huevos y bata las claras hasta que quede una mezcla espumosa. Por separado, mezcle las yemas y después viértalas en las claras.
3. Caliente 1 cucharada de aceite en un sartén grande. Coloque la mitad de las rebanadas de guineo en un sartén. Vierta los huevos batidos sobre los guineos y cúbralos con la mitad de la carne molida. Cocine por 10-20 minutos hasta que los huevos obtengan consistencia. Elimine el exceso de la mezcla en los bordes del sartén con un cuchillo afilado. Retírelo del fuego. Coloque un plato sobre el sartén y voltéelo, de manera que la mezcla quede servida en el plato.
4. Repita el proceso con los ingredientes restantes. Cuando estén cocidos, coloque la segunda capa encima de la primera y sirva con arroz o ensalada.

8-10 PORCIONES

Nota: Sazone la carne al gusto mientras cocina. Las sugerencias incluyen ajo, sazón, adobo, hierbas y papas picadas.

CUANDO ERA UNA JOVEN NOVIA, KATHY VEÍA A SU SUEGRA PREPARARLE ESTE PLATO A SU HIJO, A QUIEN LE GUSTABA TANTO QUE KATHY DECIDIÓ COCINARLO PARA SU ESPOSO POR SÍ SOLA. ELLA PENSÓ QUE EL PRIMER PASTEL DE CARNE LE QUEDARÍA BIEN, HASTA QUE SE SENTARON A COMER Y DESCUBRIERON QUE HABÍA OLVIDADO COCINAR LOS GUINEOS. AFORTUNADAMENTE, LOS INTENTOS POSTERIORES FUERON EXITOSOS.

TURKEY, VEGETABLE, AND BEAN CHILI

Fred Weinberg

HERE'S AN AMERICAN FAVORITE WITH GROUND TURKEY INSTEAD OF GROUND BEEF. IT'S FULL OF FLAVORFUL INGREDIENTS AND SEASONINGS, AND AS AN ADDED BONUS, IT'S MUCH LOWER IN FAT THAN STANDARD CHILI CON CARNE.

3 Tbsps. olive oil

2 lbs. ground turkey, preferably breast meat

2 large yellow onions, chopped

8 cloves garlic, minced

Two 28-oz. cans peeled tomatoes, chopped

10-oz. can pinto beans

½ can beer

10-oz. can kidney beans

10-oz. can chick-peas

2 Tbsps. ketchup

½ cup green pepper, chopped

1 cup carrots, chopped

1 cup squash, chopped

1 cup zucchini, chopped

1 Tbsp. cumin, or to taste

2 Tbsps. chili powder, or to taste

1 tsp. salt, or to taste

¼ tsp. cayenne pepper, or to taste

1. In a large skillet, heat 1 tablespoon of the olive oil and brown the ground turkey until it is cooked through.

2. Pour off the fat and place turkey on a paper towel to absorb additional fat.

3. Heat the remaining 2 tablespoons olive oil in a large pot over medium heat. Add the onion and garlic and cook for 1 minute.

4. Add the turkey and tomatoes and stir to combine.

5. Add the pinto beans, beer, kidney beans, chick-peas, ketchup, green pepper, carrots, squash, and zucchini.

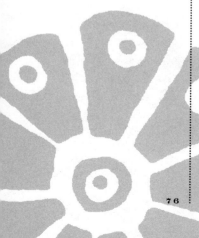

6. Add the cumin, chili powder, salt, and cayenne pepper.
7. Partially cover and simmer for 45 minutes, stirring frequently.

SERVES 8-10

Note: If you don't have all the ingredients on hand, feel free to make substitutions: You can use all of one kind of bean, and can leave out a vegetable, if you like. Just add more of another vegetable to compensate.

CHILE DE PAVO, VEGETALES Y HABICHUELAS

Fred Weinberg

HE AQUÍ UN POPULAR PLATO ESTADOUNIDENSE CON PAVO MOLIDO EN LUGAR DE CARNE MOLIDA. LLENO DE GUSTOSOS INGREDIENTES Y ADOBOS, TAMBIÉN ENGORDA MENOS QUE EL TRADICIONAL CHILE CON CARNE.

3 Cuch de aceite de oliva
2 lb de pavo molido, preferiblemente la pechuga
2 cebollas grandes picadas
8 dientes de ajo machacados
2 latas de tomates pelados y picados de 28 oz
1 lata de habichuelas pintas de 10 oz
½ lata de cerveza
1 lata de garbanzos de 10 oz
1 lata de habichuelas coloradas grandes de 10 oz

2 Cuch de ketchup
½ taza de pimiento verde picado
1 taza de zanahoria picada
1 taza de calabaza picada
1 taza de calabacín picado
1 Cuch de comino, al gusto
2 Cuch de chile en polvo, al gusto
1 cuch de sal, al gusto
¼ cuch de pimienta de cayena, al gusto

1. Caliente 1 cucharada de aceite de oliva y cocine bien el pavo molido en un sartén grande.
2. Retire la grasa y coloque el pavo en papel absorbente para quitarle la grasa restante.
3. Caliente las 2 cucharadas restantes de aceite de oliva en una olla grande a fuego medio. Añada la cebolla y el ajo y cocine por 1 minuto.

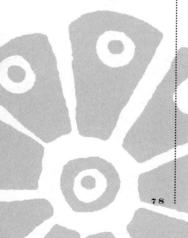

4. Añada el pavo y los tomates y remueva.
5. Agregue las habichuelas pintas, la cerveza,
   las habichuelas coloradas grandes, los garbanzos,
   la ketchup, los pimientos, las zanahorias,
   la calabaza y el calabacín.
6. Añada el comino, el chile en polvo, la sal
   y la pimienta de cayena.
7. Tape la olla parcialmente y cocine a fuego lento
   durante 45 minutos, removiendo con frecuencia.

8-10 PORCIONES

Nota: Si no tiene todos los ingredientes a mano, haga los cambios que quiera. Puede usar más de un tipo de habichuelas o puede eliminar un vegetal. En ese caso, coloque mayor cantidad de otro vegetal para compensar.

BAHIA-STYLE SHRIMP

Vanessa de Saint-Blanquat

THE STATE OF BAHIA
IS THE SITE OF THE
OLD CAPITAL OF
BRAZIL. ITS MIX-
TURE OF AFRICAN
AND EUROPEAN
INFLUENCES, ADDED
TO THE NATIVE
RESOURCES, HAVE
PRODUCED A WIDE
AND VARIED MENU.
LIKE MOST OF
BRAZIL, BAHIA IS
ALONG THE COAST
AND MANY OF ITS
SIGNATURE DISHES
ARE SEAFOOD-
BASED. THIS IS
AN ADAPTATION OF
A BAHIA FAVORITE
THAT STARTS WITH
A "CEBOLADA"
(AN ONION-GARLIC
SAUCE) USED IN
MANY BRAZILIAN
DISHES.

1 lb. shrimp, peeled and
  deveined
1 bay leaf
Pinch of tarragon
½ lemon
Olive (or peanut) oil,
  for sautéing
4 cloves garlic, chopped
3 onions, thickly sliced
2 green peppers,
  cored and sliced
3 tomatoes, peeled
  and coarsely chopped
Salt and pepper, to taste
Dash of white wine
  (optional)
2-3 drops of malagueta
  oil (see note) or other
  hot sauce
½ cup grated coconut

1. Bring a saucepan of water to boil. Add the shrimp,
   bay leaf, and tarragon. Cook until the shrimp
   turns pink, 1-3 minutes. Drain the shrimp,
   squeeze the lemon over, and set aside.
2. Make the cebolada: In a large heavy frying pan,
   heat the oil over medium heat. Add the garlic,
   then the onions, and cook for 2-3 minutes, stirring
   constantly. Add the green peppers, and then the
   tomatoes. Keep stirring for a few minutes more,
   then add salt and pepper.
3. Add the wine and malagueta, if using.

4. Add the shrimp and stir to heat through. Sprinkle
   with the grated coconut just before serving.

*Note: Malagueta is an extremely hot, very small green or red
pepper. Traditionally, a few of the peppers are dropped in a bottle,
which is then filled with olive oil and left until the oil itself
becomes hot. The oil is then dispensed very carefully.*

CAMARONES AL ESTILO BAHIA

Vanessa de Saint-Blanquat

EL ESTADO DE BAHIA
FUE LA ANTERIOR
CAPITAL BRASILEÑA.
LA MEZCLA DE
INFLUENCIAS
AFRICANA Y EUROPEA,
ADEMÁS DE SUS
PROPIOS RECURSOS,
HA PRODUCIDO UN
VARIADO Y AMPLIO
MENÚ. COMO LA
MAYOR PARTE DE
BRASIL, BAHIA ESTÁ
EN LA COSTA Y
MUCHOS DE SUS
PLATOS TÍPICOS SON
COMIDA DE MAR.
ESTA ADAPTACIÓN DE
UN POPULAR PLATO
EN BAHIA COMIENZA
CON UNA "CEBOLADA"
(UNA SALSA DE AJO Y
CEBOLLA) USADA EN
MUCHOS PLATOS
BRASILEÑOS.

1 lb de camarones
   pelados y limpios
1 hoja de laurel
una pizca de estragón
½ limón
aceite de oliva (o de maní)
   para saltear
4 dientes de ajo
   machacados
3 cebollas picadas gruesas
2 pimientos sin semillas
   y rebanados

3 tomates pelados y
   cortados en rebanadas
   gruesas
sal y pimienta al gusto
un chorrito de vino
   blanco (opcional)
2-3 gotas de aceite de
   malagueta (ver nota)
   u otra salsa picante
½ taza de coco rallado

1. Lleve agua a un hervor en una olla. Añada los
camarones, el laurel y estragón. Cocine durante
1-3 minutos hasta que los camarones se pongan
rosados. Escúrralos, écheles el jugo del limón
y póngalos aparte.

2. Prepare la "cebolada": caliente el aceite a fuego
medio en un sartén grande. Añada el ajo, las
cebollas y cocine por 2-3 minutos, removiendo
constantemente. Añada los pimientos y los
tomates. Siga removiendo por otros minutos
y agregue la sal y la pimienta.

3. Añada el vino y la malagueta, si los está usando.

4. Añada los camarones hasta que se calienten. Espolvoree el coco rallado antes de servir.

4 PORCIONES

Nota: La malagueta es un pimiento muy picante. Tradicionalmente, varios pimientos se colocan en una botella con aceite de oliva hasta que se vuelven picantes. Luego se elimina el aceite.

PASTA WITH BROCCOLI RABE

Nancy Rico

BROCCOLI RABE
(PROUNOUNCED
"ROB"), ALSO
CALLED "RAPINI,"
IS AN ITALIAN
VEGETABLE
AVAILABLE IN MOST
SUPERMARKETS AND
GROCERS. IT HAS A
SLIGHTLY BITTER
FLAVOR THAT MAY
TAKE SOME
GETTING USED TO.
FOR THOSE LIKE
NANCY RICO,
HOWEVER, IT IS
TRULY A TREAT.

1 large bunch
  broccoli rabe
1 lb. pasta
¾ cup extra virgin
  olive oil
2-3 large garlic cloves,
  peeled and thinly sliced

Salt and freshly ground
  black pepper
½-¾ tsp. crushed red
  pepper flakes
¼ cup flat-leaf Italian
  parsley leaves, coarsely
  chopped

1. Rinse the broccoli rabe, discarding the tough
   bottom stems. Separate the leafy stems from the
   florets and place the leaves and florets in 2 different bowls of cold water for 15-20 minutes.
2. Meanwhile, bring a large pot of water to boil, add
   the salt to taste, and add the pasta and broccoli
   rabe stems. After 2 minutes, add the broccoli rabe
   florets. Cook the pasta until it is al dente (firm and
   almost cooked through). Remove from the heat.
3. Heat the oil in a small saucepan over medium heat.
   Add the garlic and sauté until golden, about 1
   minute. Season with salt, black pepper, and the
   red pepper.
4. Drain the pasta and broccoli rabe, and transfer
   to a large, warmed serving dish.
5. Pour the sauce over and mix well. Sprinkle with
   parsley and serve immediately.

SERVES 4

*Note: Feel free to use any pasta you have on hand. In Italy,
broccoli rabe is often served with orecchiette, or "little ears."
Shells or small tube-shaped pasta also work well.*

PASTA CON BRÓCOLI RABE

Nancy Rico

1 racimo grande de
  brócoli rabe
  (o amargo)
1 lb de pasta
¾ taza de aceite de oliva
  extra virgen
2-3 dientes de ajo grandes
  pelados y rebanados

sal y pimienta negra
  recién molida
½-¾ cuch de hojuelas
  machacadas de
  pimienta roja
¼ taza de hojas de laurel
  italiana, picadas en
  trozos grandes

1. Enjuague los brócolis y elimine la punta dura de los tallos. Separe los tallos de las flores y coloque las hojas y las flores en 2 recipientes distintos de agua fría por 15-20 minutos.
2. Mientras, lleve una olla grande de agua a un hervor y añada las pasta y los tallos de brócoli. Después de 2 minutos, añada las florecitas. Cocine la pasta hasta que quede al dente. Retírela del fuego.
3. Caliente el aceite en un sartén pequeño a fuego medio. Añada el ajo y sofría hasta que se dore, por 1 minuto. Sazone con sal, pimienta negra y pimienta roja.
4. Escurra la pasta y los brócolis y sírvala en un plato fuente.
5. Vierta la salsa y mezcle bien. Espolvoree con perejil y sirva inmediatamente.

4 PORCIONES

Nota: Puede usar cualquier pasta que tenga a mano. En Italia sirven el brócoli rabe con una pasta llamada "orecchiette", pero también usan la pasta corta y la de caracoles.

EL BRÓCOLI RABE, TAMBIÉN LLAMADO "RAPINI", ES UN VEGETAL ITALIANO DISPONIBLE EN LA MAYORÍA DE LOS SUPERMERCADOS. TIENE UN LIGERO SABOR AMARGO QUE PUEDE LLEVARLE TIEMPO A ALGUNAS PERSONAS PARA ACOSTUMBRASE. PARA OTROS COMO NANCY RICO, EL VEGETAL ES UNA DELICIA.

MOFONGO

Enrique Brito

MOFONGO, WHICH
ENRIQUE BRITO
OF IGNACIO
RESTAURANTE
ATE AS A BOY, IS A
TYPICAL DOMINICAN
DISH. IGNACIO
RESTAURANTE
IS LOCATED ON
HOUSTON STREET
AT AVENUE D.
IT FEATURES HOMEY
AND DELICIOUS
PUERTO RICAN
AND DOMINICAN
SPECIALTIES LIKE
THIS ONE.

1-2 *plantains*
Chicken fat, for frying
1-2 cups cooked
    shredded pork
2 cloves garlic, chopped

1-2 Tbsps. butter or
    margarine
Adobo, to taste
Chicken gravy, to taste

1. Slice the *plantains* into 1-inch pieces and deep-fry in the chicken fat. Transfer to a shallow frying pan and add the garlic, shredded pork, and butter or margarine.
2. In a separate pan, heat a little chicken fat and stir in some *adobo*. Once the *adobo* has dissolved, add it to the *plantains*. Mix thoroughly, remove from pan, and top with a meat gravy of your choice.

SERVES 4

Note: If you like, you can substitute vegetable oil for the chicken fat.

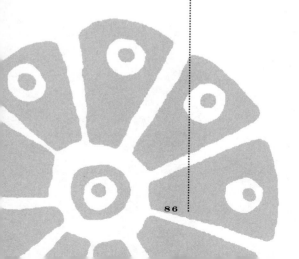

MOFONGO

Enrique Brito

1-2 *plátanos*
grasa de pollo para freír
1-2 tazas de puerco
   cocido desmenuzado
2 dientes de ajo picados

1-2 Cuch de mantequilla
   o margarina
adobo al gusto
salsa de pollo, al gusto

1. Rebane el *plátano* en tajadas de 1 pulgada y fríalas en la grasa de pollo. Páselas a un sartén poco profundo y añada el ajo, el puerco desmenuzado y la mantequilla o margarina.
2. En otra olla, caliente un poco de grasa de pollo y añada *adobo*. Una vez que el *adobo* se haya disuelto, vierta sobre los *plátanos*. Mezcle bien, retire del sartén y cubra con salsa de pollo o de la carne que prefiera.

4 PORCIONES

Nota: Si desea, puede sustituir la grasa de pollo con aceite vegetal.

EL MOFONGO ES UN TÍPICO PLATO DOMINICANO QUE COMÍA DE NIÑO ENRIQUE BRITO, DEL RESTAURANTE IGNACIO, UN LOCAL UBICADO EN LA CALLE HOUSTON CON AVENIDA D QUE OFRECE ESPECIALIDADES CASERAS DE COMIDA DOMINICANA Y PUERTORRIQUEÑA.

CURRIED CHICKEN

Halima "Cookie" Mohammed

WHILE CURRIES ORIGINALLY COME FROM THE CUISINES OF INDIA, THEY ARE ALSO COMMON IN DISHES IN THAILAND, THE WEST INDIES, AND INCREASINGLY, THE U.S. THIS IS AN INDIAN-INSPIRED CURRY DISH THAT IS MADE WITH EASY-TO-FIND INGREDIENTS AND IS BEST SERVED OVER WHITE RICE.

½ lb. boneless chicken breast, cut into cubes
2 small potatoes, cut into cubes
1 tsp. turmeric
1 stick cinnamon
1 tsp. paprika
2 thin lemon slices
1 bay leaf
1 tiny green chili pepper, seeded and chopped
¼ tsp. salt
1 Tbsp. vegetable oil
1 small onion, diced
2 Tbsps. curry powder

1. In a bowl, combine the chicken, potatoes, turmeric, cinnamon, paprika, lemon, bay leaf, chili pepper, and salt. Mix well and marinate for about 15 minutes.
2. Heat the oil in a medium-sized pot over medium heat. Add the onion, curry powder, salt, and ½ cup water. Cover and simmer 15 minutes.
3. Add the chicken and potatoes and another ½ cup water. Cover and cook over medium heat, stirring occasionally, until the chicken is cooked through, about 20 minutes.

SERVES 4

Note: Leftover cooked chicken will also work well in this recipe. After adding it to the pan, cook until it is heated through, about 10 minutes.

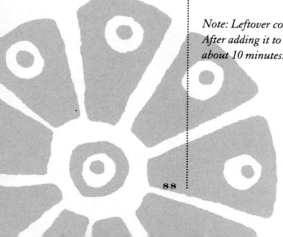

POLLO EN CURRY

Halima "Cookie" Mohammed

½ lb de pechugas de pollo deshuesadas, cortadas en cubitos
2 papas pequeñas cortadas en cubitos
1 cuch de cúrcuma
1 palito de canela
1 cuch de pimentón (paprika)
2 rebanadas delgadas de limón
1 hoja de laurel
1 pimiento picante pequeño desmenuzado y sin semillas
¼ cuch de sal
1 Cuch de aceite vegetal
1 cebolla pequeña picada
2 Cuch de curry en polvo

1. En un recipiente mezcle bien el pollo, las papas, el cúrcuma, la canela, el pimentón, el limón, el laurel, el pimiento y la sal. Deje reposar por 15 minutos.
2. Caliente el aceite en un recipiente de tamaño mediano a fuego moderado. Añada la cebolla, el curry en polvo, la sal y ½ taza de agua. Tape y cocine a fuego lento por 15 minutos.
3. Añada el pollo, las papas y otra ½ taza de agua. Cubra y cocine a fuego medio, remueva ocasionalmente hasta que el pollo esté completamente cocido, durante 20 minutos.

4 PORCIONES

Nota: Las sobras de pollo que haya cocinado anteriormente también sirven para esta receta. Caliéntelo durante 10 minutos en el sartén.

AUNQUE EL CURRY ES ORIGINARIO DE LA INDIA, TAMBIÉN ES COMÚN EN LA COCINA DE TAILANDIA, INDIAS OCCIDENTALES Y CADA VEZ MÁS EN ESTADOS UNIDOS. ESTA RECETA, INSPIRADA EN LA INDIA, INCLUYE INGREDIENTES FÁCILES DE CONSEGUIR Y ES IDEAL SERVIRLA CON ARROZ BLANCO.

MOLE DE MI MAMÁ

Carlos Pineda and María G. Pérez

8 oz. fresh ancho chilies (see note)

8 oz. fresh guajillo chilies (see note)

12 black peppercorns

6 whole cloves

2-in. piece cinnamon stick

2 Tbsps. dried Mexican oregano

½-1 cup vegetable oil

½ cup sesame seeds

½ cup dry-roasted, unsalted, peanuts

½ cup walnuts or pecans

½ cup slivered blanched almonds

½ cup golden raisins

1 cup pitted dried prunes, sliced

1 cup dried apricots, sliced

1-1½ cups dry sherry, heated

¼ lb. fresh *tomatillos*

1 head garlic, unpeeled

1 large onion, unpeeled

1 lb. fresh red tomatoes

3 oz. Mexican chocolate

4-5 cups chicken broth

1. Under cold running water, rinse the chilies, remove the tops, and devein them. While still wet, toast them on a very hot skillet until you can smell their aroma, 1-2 minutes. Avoid burning them or the mole may turn out bitter. Place them in a bowl of boiling water and let sit for 10 minutes, covered. Drain and set aside.

2. In a small skillet, toast each of the spices individually until they release their aroma. Combine and set aside.

3. Add ¼ cup oil to a heavy skillet and heat until rippling. Toast each kind of nut or seed individually until golden brown and fragrant. Add more of the oil as necessary. After toasting, combine in a bowl and set aside.

4. Place the raisins, prunes, and apricots in a bowl and add the hot sherry. Set aside.

5. After peeling their outer covering, place the *tomatillos* in a pan with water and boil until their color changes, 5-8 minutes. On a very hot skillet toast the onion and garlic on all sides until the onion is black and the garlic is brown and soft. Remove from the skillet and set aside to cool. Peel and chop. On the same skillet toast the tomatoes until black on all sides. Place in a bowl to catch the juices. When cool, remove the skins.

6. Add as many of the reserved ingredients as will fit in your blender or food processor. Process to a smooth consistency, adding the chicken broth as necessary. Work in batches until all the ingredients are puréed with the broth.

7. Press the purée through a fine mesh sieve into a heavy saucepan. Discard solids. Add the chocolate and bring the sauce to a boil. Add salt to taste. Serve over chicken or turkey or use as the sauce for enchiladas.

Note: Ancho chilies, also known as poblanos, are a mild to medium hot chili popularly used in Mexican cooking. Guajillo chilies, also known as cascabel, are long, pointed, slender chilies. They can be very hot, so test them before you add the full 8 oz. You can find both types of chilis in gourmet markets or markets with a selection of Mexican produce. (If you cannot find fresh chilies, eliminate step 1 and substitute canned peeled green chilies for the anchos and a hot serrano or jalepeño chili pepper from a jar for the guajillos.) You can store any leftover mole in the refrigerator in a tightly covered container for up to 2 weeks, or for months in the freezer.

MOLE DE MI MAMÁ

Carlos Pineda y María G. Pérez

LOS DOMINGOS ERAN LOS DÍAS MÁS IMPORTANTES DE LA SEMANA PARA MARÍA PÉREZ CUANDO ERA NIÑA. NO SÓLO SE REUNÍA CON SU MAMÁ Y SUS CUATRO HERMANOS PARA IR A LA IGLESIA, SINO QUE ESE DÍA SU MAMÁ TAMBIÉN PREPARABA LA CENA. "MAMÁ NO ERA UNA GRAN COCINERA, PERO NO HABÍA NADA MEJOR QUE EL MOLE DO-MINGUERO DE MI MAMÁ", DICE.

8 oz de chiles anchos poblanos frescos (ver nota)

8 oz de chiles guajillo o cascabel frescos (ver nota)

12 granos de pimienta negra

6 clavos de especia enteros

1 ramita de canela de 2 pulgadas

2 Cuch de orégano mexicano seco

½-1 taza de aceite vegetal

½ taza de ajonjolí (semillas)

½ taza de cacahuetes secos tostados y sin sal

½ taza de almendras decoloradas y sin concha

½ taza de nueces

½ taza de pasas doradas

1 taza de ciruelas secas con semilla, calientes

1 taza de albaricoques rebanados

1-½ taza de vino de jerez seco, caliente

¼ lb de *tomatillos*

1 cabeza de ajo sin pelar

1 cebolla grande sin pelar

1 lb de tomates rojos frescos

3 oz de chocolate mexicano

4-5 tazas de caldo de pollo

1. Enjuague los chiles, quíteles el tallo y las semillas. Todavía mojados, tuéstelos en un sartén bien caliente hasta que pueda oler su aroma, por 1-2 minutos. No los queme porque el mole le quedará amargo. Colóquelos en una olla de agua hirviente por 10 minutos, escúrralos y póngalos aparte.
2. En un sartén pequeño, tueste cada especia por separado hasta que huela su aroma. Mezcle y déjelo aparte.
3. Caliente ¼ taza de aceite en un sartén. Tueste cada

tipo de nuez o semilla por separado hasta que se doren y desprendan aroma. Añada más aceite si es necesario. Después de tostarlos, mézclelos y póngalos aparte.

4. Coloque las pasas, las ciruelas y los albaricoques en un recipiente y mézclelos con el jerez caliente. Póngalos aparte.

5. Después de pelarlos, coloque los *tomatillos* en un sartén con agua y llévelos a un hervor hasta que cambien su color, por 5-8 minutos. En otro sartén bien caliente tueste la cebolla y el ajo hasta que la cebolla se ponga negra y el ajo marrón y suave. Retírelos del sartén y déjelos reposar. Pélelos y córtelos. En el mismo sartén, tueste el tomate hasta que se ponga negro completamente. Colóquelo en un recipiente para retener su jugo. Cuando se enfríen, pélelos.

6. Licúe tantos ingredientes como le sea posible y agregue el caldo de pollo cada vez que lo necesite hasta que obtenga un puré homogéneo.

7. Pase el puré por un colador y colóquelo en un sartén. Elimine los sólidos, agregue el chocolate y lleve la salsa a un hervor. Añada sal al gusto. Sirva con pollo, pavo o úselo como salsa para las enchiladas.

Nota: Los chiles anchos, también conocidos como poblanos, es un pimiento medianamente picante muy usado en la cocina mexicana. Los chiles guajillo, también llamados cascabel, son largos, puntiagudos y delgados. Pueden ser muy picantes, así que pruébelos antes de agregar las 8 onzas. Puede conseguir ambos tipos de pimientos en cualquier venta de víveres mexicanos. (Si no puede conseguir pimientos frescos, elimine el paso 1 y sustituya los chiles anchos con los chiles verdes pelados enlatados y los guajillos por un chile serrano o jalapeño picante de frasco). Puede guardar lo que le quede de mole en la heladera hasta por 2 semanas y por varios meses en el refrigerador.

BEEF STEW

George E. Pataki

AS THE GOVERNOR OF NEW YORK CAN PROBABLY ATTEST, A LARGE POT OF BEEF STEW IS PERFECT ON A CHILLY WINTER EVENING. ALL YOU NEED TO MAKE A GREAT MEAL OUT OF THIS DISH IS A FEW LOAVES OF CRUSTY BREAD, A GREEN SALAD, AND A HUNGRY CROWD!

4 lbs. beef chuck, cut into 1½-in. cubes
Salt and pepper
½ cup oil
1 cup pearl onions
1 bunch celery, cut into 1-in. pieces
¾ cup flour
1 qt. beef stock

3 bay leaves
15-oz. can stewed tomatoes
1½ lbs. whole, peeled baby carrots
2 lbs. small potatoes, peeled
1 cup peas, frozen

1. Season beef with salt and pepper.
2. In a large heavy saucepan, sear the beef in the oil until well browned. Remove and reserve.
3. Add pearl onions to saucepan and allow to brown. Set aside.
4. Add celery pieces and brown edges. Set aside.
5. Add flour to remaining oil to make a roux. Brown slightly, stirring often.
6. Add half of the stock, stirring until smooth. Add remaining stock and bring to a boil.
7. Add bay leaves, beef, and the tomatoes with their juice. Return to boil. Lower heat to a simmer, cover, and cook until meat is very tender.
8. Add carrots, potatoes, celery, and onions. Simmer for an additional 20-30 minutes until potatoes are tender.

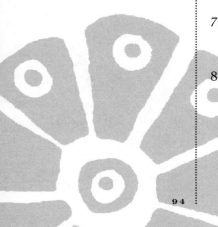

9. Add salt and pepper to taste. Remove bay leaves and discard. Skim extra fat off the top. Add peas to stew several minutes before serving.

SERVES 8-10

Note: The stew can be made up to two days in advance and kept covered in the refrigerator. Refrigerating it will also make it easy to skim off the fat, which will rise to the surface and solidify as the stew cools.

CARNE GUISADA

George E. Pataki

TAL COMO EL GOBERNADOR DE NEW YORK PUEDE ATESTIGUAR, UNA OLLA DE CARNE GUISADA ES PERFECTA PARA UNA FRÍA TARDE INVERNAL. ¡TODO LO QUE NECESITA PARA OBTENER UNA ESPLÉNDIDA COMIDA DE ESTA RECETA ES UNA BAGUETTE CRUJIENTE, UNA ENSALADA DE LECHUGA Y UN BATALLÓN HAMBRIENTO!

4 lb de trozos de carne de res, cortado en cubos de 1½ pulgadas.
sal y pimienta
½ taza de aceite
1 taza de cebollas pequeñas
1 manojo de apio cortado en trozos de 1 pulgada
¾ taza de harina
¼ galón de caldo de res

3 hojas de laurel
1 lata de tomates guisados de 15 oz
1½ lb de zanahorias tiernas enteras y peladas
2 lb de papas pequeñas peladas
1 taza de petit-pois congelados

1. Sazone la carne con sal y pimienta.
2. Fría la carne en aceite en un sartén grande hasta que se dore y póngala aparte.
3. Añada las cebollas al sartén y fríalas hasta que se doren. Póngalas aparte.
4. Añada el apio y dore sus bordes. Póngalo aparte.
5. Añada harina al aceite restante y remueva constantemente hasta lograr una mezcla marrón claro para espesar la salsa.
6. Añada la mitad del caldo y remueva hasta que obtenga la consistencia adecuada. Añada el resto del caldo y llévelo a un hervor.
7. Añada el laurel, la carne y los tomates con su jugo. Llévelo a otro hervor y luego tape la olla, reduzca el fuego y cocine hasta que la carne se ablande.
8. Añada las zanahorias, las papas, el apio y las cebollas. Cocine a fuego lento por otros 20-30 minutos hasta que las papas se ablanden.

9. Añada sal y pimienta al gusto. Saque las hojas de laurel y elimine la grasa excesiva de encima. Añada petit-pois al guiso pocos minutos antes de servir.

8-10 PORCIONES

Nota: El guiso puede hacerse hasta con dos días de antelación y guardarse en la heladera, con lo cual será más fácil quitarle la grasa excesiva a la carne.

STUFFED AND ROLLED FLANK STEAK
(MATAMBRE ARROLLADO)

Nora Reissig-Lazzaro

"MATAMBRE" COMES FROM "MATA HAMBRE" WHICH MEANS "KILL HUNGER." THIS DISH IS SURE TO QUENCH THE HEARTIEST OF APPETITES.

2 flank steaks (about 2 lbs.), with the fat trimmed off
½ cup red wine vinegar
1 tsp. chopped garlic
1 tsp. thyme
½ lb. fresh spinach
6 small carrots, peeled and cooked whole

4 large hard-boiled eggs, cut lengthwise in quarters
1 large onion, thinly sliced, rings separated
3-4 Tbsps. chopped parsley
1-2 tsp. salt, or to taste
Pepper, to taste

1. Butterfly the steaks (split open and spread apart). Place them between two sheets of waxed paper and pound them with a wooden mallet or meat tenderizer. Alternatively, you can ask your butcher to butterfly and pound the steaks for you.
2. Sprinkle the steaks with the vinegar, garlic, and thyme, stack them one on top of the other, and marinate for an hour at room temperature or as long as overnight in the refrigerator.
3. Preheat the oven to 375°.
4. On a large piece of cheesecloth, lay the steaks end to end, overlapping by a couple of inches, with the ends touching parallel to the grain of the meat.

5. Pound on the joined ends, helping to seal them.
6. Wash the spinach, remove the stems, and cover the meat with the leaves.
7. Arrange the carrots and eggs in alternate rows on top of the spinach, with the rows running parallel to the grain of the meat. Scatter onion rings on top and season with the salt and pepper. Do not overfill. You should have some vegetables left over.
8. Roll up the meat, using the cheesecloth to help you. Take care not to roll any of the cheesecloth in the meat roll.
9. Wrap the meat in the cheesecloth and tie securely with kitchen string.
10. Place the meat in a large roasting pan surrounded by the remaining carrots, onions, and celery. Add about 3 cups of water to cover ⅓ of the meat.
11. Cover tightly with foil and cook for about 1 hour.
12. When cool, unwrap, place in a bowl, and cover with a plate. Put a 2-lb. weight on the plate and refrigerate overnight.
13. Slice with a sharp knife and serve.

SERVES 6-8

MATAMBRE ARROLLADO

Nora Ressig-Lazzaro

2 faldas (como 2 lb), con la grasa ya eliminada
½ taza de vinagre de vino tinto
1 cuch de ajo picado
1 cuch de tomillo
½ lb de espinaca fresca
6 zanahorias pequeñas peladas, cocidas y enteras

4 huevos grandes sancochados, cortados a lo largo en cuartos
1 cebolla grande cortada en rebanadas delgadas y con los aros separados
3-4 Cuch de perejil picado
1-2 cuch de sal, o cuanto guste
pimienta al gusto

1. Corte la carne al estilo mariposa (por la mitad y ábrala). Colóquela entre dos papeles encerados y golpeéla con un mazo de madera para ablandarla. También puede pedirle al carnicero que haga el corte y golpee la carne por usted.
2. Espolvoree la carne con vinagre, ajo y tomillo, coloque los bistecs uno sobre otro y déjelos marinar a temperatura ambiente mínimo una hora o hasta el día siguiente.
3. Precaliente el horno a 375°.
4. En una estopilla grande extienda los bistecs de manera que la punta de un bistec quede sobrepuesta dos pulgadas sobre la punta del próximo bistec, y que la fibra de ambas carnes quede paralela.
5. Golpee donde se juntan los bistec para que queden pegados.

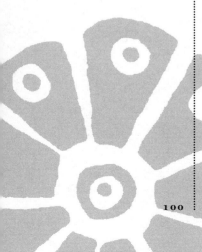

6. Lave la espinaca, quite los tallos y cubra la carne con las hojas.

7. Coloque las zanahorias y los huevos en filas alternas sobre la espinaca y de manera que las filas queden paralelas a la fibra de la carne. Reparta los aros de cebolla sobre la carne y sazone con sal y pimienta. No se exceda con el relleno. Guarde algunos vegetales que le harán falta.

8. Enrolle la carne, con ayuda de la estopilla, pero sin que quede residuo alguno dentro del rollo de carne.

9. Envuelva la carne en la estopilla y átela con cordel de cocina.

10. Coloque la carne en un recipiente para hornear grande junto con la zanahoria, cebolla y apio restantes. Añada 3 tazas de agua para cubrir $\frac{1}{3}$ de la carne.

11. Cubra con papel de aluminio y cocine durante 1 hora.

12. Cuando se enfríe, quite el envoltorio, coloque en un recipiente y cubra con un plato. Coloque 2 libras de peso sobre el plato y refrigere hasta el día siguiente.

13. Rebane con un cuchillo afilado y sirva.

6-8 PORCIONES

EGGPLANT PARMIGIANA

Luz Beniques

POPULAR IN
MIDDLE EASTERN,
EUROPEAN, AND
ASIAN CUISINES,
EGGPLANT IS A
VERSATILE AND
INTERNATIONAL
VEGETABLE.
APPROPRIATELY,
LUZ BENIQUES
LEARNED HOW TO
MAKE THIS DISH IN
A COOKING CLASS
WITH WOMEN FROM
DIFFERENT CUL-
TURES: THE WOMEN
COOKED AND ATE
TOGETHER, AND
TALKED ABOUT
THEIR PERSONAL
HISTORIES AND THE
FOODS THEY GREW
UP WITH.

1 eggplant
2 eggs
Salt
Canola oil, for frying
1 cup Italian-flavored
   bread crumbs
12-oz. jar spaghetti sauce
1 lb. mozzarella cheese,
   shredded

1. Preheat the oven to 350°. Cut the eggplant into ½-inch slices.
2. In a small bowl, beat the two eggs and add a pinch of salt. Place the bread crumbs on a paper towel.
3. Heat the oil in a large skillet over medium heat.
4. Dip each eggplant slice in the egg, and then on the bread crumbs, coating both sides.
5. Cook the eggplant in the hot oil, turning, until each side is golden brown. Drain the slices on paper towels.
6. Place the eggplant slices in three rows in a 12" x 18" baking or lasagna pan. Top each slice with a dollop of spaghetti sauce and some mozzarella.
7. Once you have covered all the eggplant, place more eggplant on top, repeating step 6 until all of ingredients are used.
8. Cook until the cheese is melted, about 15 minutes.

SERVES 4-6

Note: Instead of frying, you can bake the breaded eggplant slices in a 400° oven for about a half-hour. Also, if you like, sprinkle the dish with grated Parmesan cheese before serving.

BERENJENA PARMIGIANA

Luz Beniques

1 berenjena
2 huevos
sal
aceite de canola
    para freír
1 taza de pan rallado
    estilo italiano

1 frasco de salsa de
    espagueti de 12 oz
1 lb de queso mozzarella
    desmenuzado

1. Precaliente el horno a 350° y corte la berenjena en rebanadas de ½ pulgada.
2. Bata los huevos con una pizca de sal en un recipiente pequeño. Coloque el pan rallado sobre papel absorbente.
3. Caliente el aceite en un sartén grande a fuego medio.
4. Sumerja cada berenjena en el huevo batido y luego pase ambos lados por el pan rallado.
5. Cocine las berenjenas en el aceite hirviente hasta que se doren y escúrralas en papel absorbente.
6. En un recipiente para hornear (12" x 18"), coloque las berenjenas en tres hileras. Báñelas con la salsa de espagueti y el queso parmesano.
7. Una vez que haya cubierto todas las berenjenas, coloque más rebanadas encima y repita el paso 6 hasta que se le acaben los ingredientes.
8. Cocine hasta que el queso se derrita, por 15 minutos.

4-6 PORCIONES

Nota: En lugar de freírlas, usted puede hornear las berenjenas durante media hora a 400°. También puede espolvorear queso parmesano rallado antes de servir.

POPULAR EN LAS GASTRONOMÍAS EUROPEA, ASIÁTICA Y DEL MEDIO ORIENTE, LA BERENJENA ES UN VEGETAL INTER-NACIONAL Y VERSÁTIL. LUZ BENIQUES APRENDIÓ A COCINAR ESTE PLATO EN UNA CLASE DE COCINA A LA QUE ASISTIERON MUJERES DE DIFE-RENTES CULTURAS. ELLAS COCINABAN Y COMÍAN JUNTAS, CONTABAN HISTO-RIAS SOBRE SUS VIDAS Y SOBRE LAS COMIDAS CON LAS QUE CRECIERON.

CHICKEN ENCHILADAS

Bill Clinton

Cooking oil

Two 4-oz. cans chopped green chilies

1 large clove garlic, minced

28-oz. can tomatoes, drained and broken up, ½ cup liquid reserved

2 cups chopped onion

2 tsps. salt

½ tsps. oregano

3 cups shredded, cooked chicken

2 cups sour cream

2 cups grated cheddar cheese

15 corn or flour tortillas

1. Preheat oil in a skillet. Sauté chopped chilies with minced garlic in the oil.
2. Add tomatoes, onion, oregano, the reserved tomato liquid, and 1 teaspoon of the salt. Simmer uncovered until thick, about 30 minutes. Set aside.
3. Combine chicken with sour cream, grated cheese and the remaining teaspoon salt.
4. Heat ⅓ cup of oil. Cook tortillas in oil until they become limp. Drain well on paper towels.
5. Fill the tortillas with the chicken mixture. Roll up the tortillas and arrange side by side, seam-side-down, in 9" x 13" x 2" baking dish.
6. Pour tomato mixture over the enchiladas and bake at 250° until heated through, about 20 minutes.

MAKES 15 ENCHILADAS

ENCHILADAS DE POLLO

Bill Clinton

aceite para freír
2 latas de chiles verdes picados de 4 oz
1 diente de ajo grande picado
1 lata de tomates escurridos y picados de 28 oz, guarde la mitad del líquido
2 tazas de cebolla picada

2 cuch de sal
½ cuch de orégano
3 tazas de pollo cocido desmenuzado
2 tazas de crema agria
2 tazas de queso cheddar rallado
15 tortillas de maíz o de harina

1. Sofría los chiles y el ajo con el aceite en un sartén.
2. Agregue los tomates, la cebolla, el orégano, el agua del tomate que guardó y 1 cucharada de sal. Cocine a fuego lento sin tapar el sartén por 30 minutos, hasta que espese. Póngalo aparte.
3. Mezcle el pollo con la crema agria, el queso rallado y la cucharada de sal restante.
4. Caliente ⅓ de taza de aceite. Cocine las tortillas hasta que se ablanden. Colóquelas sobre papel absorbente para eliminar el aceite sobrante.
5. Rellene las tortillas con la mezcla del pollo. Enróllelas y coloque una al lado de la otra, con el lado de la coyuntura hacia abajo, en un recipiente para hornear (9" x 13" x 2").
6. Vierta el tomate sobre las enchiladas y horneélas a 250° por 20 minutos, hasta que se calienten completamente.

15 ENCHILADAS

COMO PARTE DE VERA INSTITUTE OF JUSTICE, LA BODEGA ES FINANCIADA POR LOS GOBIERNOS LOCAL, ESTATAL Y FEDERAL. CON SEMEJANTE RESPALDO PRESIDENCIAL, ¿CÓMO NOS PODEMOS EQUIVOCAR CON ESTAS ENCHILADAS MEXICANAS?

SEAFOOD PAELLA

Todd King

NEIGHBORHOOD
RESIDENT TODD
KING SERVES THIS
OVER A PLATE OF
RICE AND GANDULES
(SEE HOLIDAY
SECTION), ALONG-
SIDE A LETTUCE,
CUCUMBER, TOMATO,
AND AVOCADO
SALAD. IT'S VERY
FILLING, AND CAN
BE EATEN FOR
EITHER LUNCH
OR DINNER.

¼ cup butter
1-2 onions, chopped
2 packages *sazón*
Sofrito, to taste
Two 4-oz. cans octopus
    in oil, drained

Two 4-oz. cans calamares
    (cuttle-fish), in its ink
Two 4½-oz. cans shrimp
Two 6-oz. cans crabmeat

1. In a large skillet, melt the butter over medium
   heat. Add the onions and sauté for 3-5 minutes.
   Add the *sazón, sofrito,* and 1 cup water and simmer
   for 10-15 minutes.
2. Add the octopus, the calamares, and the ink.
   Simmer over a low flame for about 10 minutes.
   Turn off the flame, and add the shrimp and crab.
   Add water to thin the sauce if desired, and serve.

SERVES 6-8

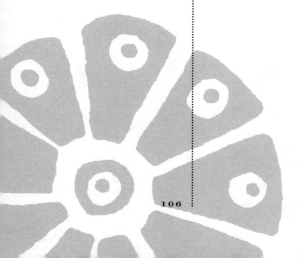

PAELLA DE MAR

Todd King

¼ taza de mantequilla
1-2 cebollas picadas
2 paquetes de *sazón*
sofrito al gusto
2 latas de pulpo en aceite
    de 4 oz (escurrido)

2 latas de jibias en su
    tinta de 4 oz
2 latas de camarones
    de 4½ oz
2 latas de carne de
    cangrejo de 6 oz

1. A fuego moderado, derrita la mantequilla en un sartén grande. Sofría las cebollas por 3-5 minutos. Añada la *sazón,* el *sofrito,* 1 taza de agua y cocine a fuego lento por 10-15 minutos.

2. Añada el pulpo y los calamares con su tinta. Cocine a fuego lento por 10 minutos. Retírelos del fuego y añada los camarones y el cangrejo. Agregue agua si desea diluir la salsa y sirva.

6-8 PORCIONES

TODD KING, RESIDENTE DEL VECINDARIO, SIRVE ESTE PLATO CON ARROZ Y GANDULES (VER LA SECCIÓN DE RECETAS DE DÍAS FESTIVOS) Y UNA ENSALADA DE LECHUGA, PEPINILLO, TOMATE Y AGUACATE. SACIA BASTANTE Y SIRVE PARA ALMUERZO O PARA CENA.

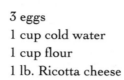

JENNIE'S GREAT MANICOTTI

Virginia Hoolahan

HERE'S ANOTHER ITALIAN CLASSIC. IT WAS GIVEN TO SUPERVISING PROBATION OFFICER VIRGINIA HOOLAHAN WHEN SHE WAS A NEW BRIDE; IT'S BEEN IN HER HUSBAND'S FAMILY FOR GENERATIONS. THE PREPARATION TAKES SOME TIME AND EFFORT, BUT VIRGINIA PROMISES IT'S WORTH IT.

3 eggs
1 cup cold water
1 cup flour
1 lb. Ricotta cheese

1½ cups grated Romano cheese
1 bunch parsley, chopped
12-oz. jar tomato sauce

1. Make the batter: In a large bowl, beat 2 eggs with the cold water. Add the flour and mix until blended. Beat until smooth. You should have a thin liquid batter.
2. Lightly grease a small skillet and heat over medium heat. Pour 2-3 tablespoons of the batter into the pan, swirling the pan around until the bottom is covered with batter.
3. Cook each pancake about 1 minute, being careful not to let it burn. It is not necessary to turn the pancake in the pan. Stack the pancakes on a plate and refrigerate several hours or overnight.
4. Make the filling: Combine the remaining egg, the Ricotta, 1 cup of the Romano, and the parsley in a large bowl. Lightly cover the bottom of a rectangular baking pan with the tomato sauce.
5. Place a spoonful of filling in the middle of each pancake and roll the sides of the pancake over the middle. Lay the manicotti in a baking pan in a single layer, with the seam side down. Sprinkle

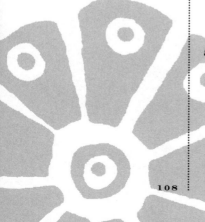

with the remaining grated cheese and pour the tomato sauce over the cheese. Bake for about 20 minutes, until all the cheese is melted and the manicotti are cooked through.

MAKES 10-12 PANCAKES

Note: To break up the work, you can store the pancakes in the refrigerator overnight, and stuff and bake the manicotti the next day.

EL GRAN MANICOTTI DE JENNIE

Virginia Hoolahan

HE AQUÍ OTRA ESPECIALIDAD ITALIANA. VIRGINIA HOOLAHAN, SUPERVISORA DE LA OFICINA DE LIBERTAD CONDICIONAL, LA OBTUVO CUANDO SE CASÓ, YA QUE ESTE PLATO HA ESTADO EN LA FAMILIA DE SU ESPOSO POR GENERACIONES. LA PREPARACIÓN REQUIERE TIEMPO Y DEDICACIÓN, PERO VIRGINIA ASEGURA QUE VALE LA PENA.

3 huevos
1 taza de agua fría
1 taza de harina
1 lb de queso ricotta
1½ taza de queso romano rallado
1 manojo de perejil picado
1 frasco de salsa de tomate de 12 oz

1. La mezcla: en un recipiente grande bata 2 huevos con el agua fría. Añada la harina y bata suavemente hasta que obtenga consistencia liviana y líquida.

2. Engrase un sartén pequeño y caliéntelo a fuego medio. Vierta 2-3 cucharadas de la mezcla en el sartén y riéguela por toda la superficie del sartén.

3. Cocine cada panqueca por 1 minuto sin dejar que se queme y sin voltearla. Refrigérelas por varias horas o hasta el día siguiente.

4. El relleno: mezcle los huevos restantes, el ricotta, 1 taza de romano y el perejil en un recipiente grande. Ligeramente, cubra el fondo de un recipiente de hornear con salsa de tomate.

5. Coloque una cucharada de relleno en el centro de cada panqueca y enrolle los extremos de la panqueca hacia el centro. Extienda el manicotti en el recipiente de hornear con el lado de la

coyuntura hacia abajo. Espolvoree con el queso parmesano rallado restante y vierta la salsa de tomate sobre el queso. Hornee por 20 minutos hasta que el queso se derrita y el manicotti se cocine por completo.

10-12 PANQUECAS

Nota: Para aliviar el trabajo, puede hacer las panquecas un día y encargarse del manicotti al día siguiente.

PASTA Y FAGIOLI

James Detucci-Cappiello

WHAT ARROZ CON GANDULES IS TO PUERTO RICANS, PASTA Y FAGIOLI IS TO ITALIANS. IN ITALY, EVERY FAMILY HAS A RECIPE FOR PASTA Y FAGIOLI (PASTA AND BEANS). PAROLE OFFICER DETUCCI-CAPIELLO SAYS THIS ONE IS ESPECIALLY GOOD AS A LEFTOVER, SO MAKE A DOUBLE RECIPE AND REFRIGERATE IT FOR UP TO TWO DAYS.

¼ cup olive oil
1 large white onion, chopped
1 clove garlic, or more to taste, chopped
2 stalks celery, chopped (optional)
1 Tbsp. salt, more or less, to taste
1 tsp. black pepper

1 Tbsp. of oregano
1 large can of white canellini beans, with juice (or 2 cans, to taste)
1 lb. of pasta, such as ziti or penne
1 bunch chopped parsley
Parmesan cheese, grated

1. Heat the olive oil in a skillet over medium heat. Sauté the chopped onions until they are soft and translucent, about 10 minutes.
2. Add the garlic, celery (if using), salt, pepper, and oregano and continue to sauté, stirring constantly to keep the garlic from burning.
3. Add the beans and their juice, and simmer over very low heat for at least 20 minutes.
4. Meanwhile, cook the pasta until it is al dente (firm and almost cooked through). Drain and, in a large bowl, combine with the beans and sauce. Let sit for 5-10 minutes to allow the flavors to mingle.
5. Place in individual bowls and top with parsley and grated Parmesan cheese. Serve with crusty Italian bread.

SERVES 4

Note: Here are some other variations. Grandma Cappiello's: Add 2-4 cups water to make the dish more soup like. Grandma Detucci's: Add chopped bacon or ham and tomato sauce to the bean sauce for a denser, more filling dish.

PASTA Y FAGIOLI

James Detucci-Cappiello

¼ taza de aceite de oliva
1 cebolla blanca grande
  picada
1 diente de ajo o más,
  al gusto
2 ramitas de apio picado
  (opcional)
1 Cuch de sal (más o
  menos, al gusto)

1 cuch de pimienta negra
1 Cuch de orégano
1 lata grande de
  habichuelas canellini
  con jugo (o 2 latas,
  al gusto)
1 lb de pasta, ziti o penne
1 manojo de perejil picado
queso parmesano rallado

PASTA Y FAGIOLI ES PARA LOS ITALIANOS LO QUE PARA LOS PUERTO-RRIQUEÑOS ES ARROZ CON GANDULES. EN ITALIA CADA FAMILIA TIENE SU PROPIA RECETA DE PASTA Y FAGIOLI (PASTA Y HABI-CHUELAS). DETUCCI-CAPPIELO, FUNCIONARIO DE LA OFICINA DE LIBERTAD BAJO PALABRA, DICE QUE ESTA RECETA ES ESPECIALMENTE BUENA PARA GUARDAR Y COMER LUEGO. ASÍ QUE PREPARE UNA DOBLE RACIÓN Y REFRIGÉRELA HASTA POR 2 DÍAS.

1. Caliente el aceite de oliva en un sartén a fuego medio. Sofría las cebollas picadas hasta que se pongan blandas y transparentes, por 10 minutos.
2. Añada el ajo, el apio (si lo está usando), la sal, la pimienta y el orégano y continúe sofriendo, removiendo constantemente para evitar que el ajo se queme.
3. Agregue las habichuelas y su jugo y cocínelas a fuego lento por no menos de 20 minutos.
4. Cocine la pasta hasta que quede al dente. Escurra en un recipiente grande, mezcle con las habichuelas y la salsa. Déjelo reposar por 5-10 minutos para reafirmar el sabor.
5. Sirva en recipientes individuales y agréguele perejil y queso parmesano rallado. Acompáñelo con pan italiano de concha dura.

4 PORCIONES

Nota: He aquí otras formas de preparar el plato. Como la abuela Cappiello: agregue 2-4 tazas de agua para hacerlo más parecido a una sopa. Como la abuela Detucci: agregue tocineta picada, jamón y salsa de tomate a la salsa de habichuela para espesarla.

NORTHERN ENCHILADAS

Inés Penafiel

TOMATILLOS AND
PARMESAN CHEESE
LEND A LIGHT
FRESHNESS TO
THESE DELICIOUSLY
SPICY ENCHILADAS.
CUT BACK (OR GO
HEAVY) ON THE
CHILIES, DEPENDING
ON YOUR TASTE.

1 lb. fresh *tomatillos*
1 onion, chopped
3 cloves garlic, chopped
4 serrano chilies, stemmed,
   or less, to taste
24 fresh cilantro leaves
   with stems
Salt, to taste
10¾-oz. can chicken
   broth (optional)

2 Tbsps. Crisco shortening
   (or vegetable oil)
10 corn tortillas
5 cups cooked, shredded
   chicken
2 cups Parmesan cheese
Lettuce and cilantro,
   to garnish

1. Remove husks from *tomatillos*. In a large pot,
   combine 6 cups water with the *tomatillos*, onion,
   garlic, and chilies. Bring to a boil. Drain
   vegetables, reserving 2 cups of the cooking water.
   Combine vegetables and reserved water in a
   blender. Add the cilantro and salt, and blend for
   3 minutes. Add the chicken broth to thin,
   if necessary.
2. Heat the Crisco in a skillet and fry each of the
   tortillas for about 3 minutes on each side. Dip
   the tortillas into the sauce just to moisten. Roll up
   the shredded chicken in the tortillas.
3. Place the rolled tortillas in a baking pan (seam side
   down) and pour the remaining sauce over them.
   Top with the Parmesan and bake for 15 minutes,
   until heated through. Garnish with the lettuce and
   cilantro and serve.

SERVES 6-8

ENCHILADAS NORTEÑAS

Inés Penafiel

1 lb de *tomatillos* frescos
1 cebolla picada
3 dientes de ajo picados
4 chiles serranos con
    tallo, o menos al gusto
24 hojas de cilantro
    frescas con tallo
sal al gusto
1 lata de caldo de pollo
    de 10¾ oz (opcional)

2 Cuch de manteca marca
    Crisco (o aceite vegetal)
10 tortillas de maíz
5 tazas de pollo cocido
    y desmenuzado
2 tazas de queso
    parmesano
lechuga y cilantro
    para adornar

LOS TOMATILLOS Y EL QUESO PARMESANO LE DAN UN TOQUE DE FRESCURA A ESTAS DELICIOSAS Y PICANTES ENCHILADAS. RESTE O AÑADA LA CANTIDAD DE CHILES A SU GUSTO.

1. Pele los *tomatillos*. En una olla grande mezcle
6 tazas de agua con el *tomatillo*, la cebolla, el ajo
y los chiles y hiérvalos. Escurra los vegetales
y guarde 2 tazas de esa agua. Mezcle los vegetales
y el agua que apartó en una licuadora. Añada
el cilantro y la sal; licúe por 3 minutos. Agregue
el caldo de pollo para diluir si es necesario.

2. Caliente en un sartén el Crisco y sofría cada una
de las tortillas por unos 3 minutos cada lado.
Humedezca las tortillas en la salsa. Rellene y
enrolle las tortillas con el pollo.

3. Coloque las tortillas enrolladas en un recipiente
para hornear (la parte de la coyuntura hacia
abajo) y vierta la salsa restante sobre ellas.
Cúbralos con queso parmesano y hornee por
15 minutos hasta que se calienten. Adornen con
lechuga y cilantro y sirva.

6-8 PORCIONES

Holiday Recipes

FESTIVALS AND CELEBRATIONS play a large part in bringing the community of Alphabet City together. Among the many holidays celebrated in the neighborhood, Three Kings' Day remains one of the most important. On this day (January 6), the wise men (kings) follow the beaming star in the night to deliver gifts to children who have been good all year. To prepare for the wise men's visit, children collect grass to put under their beds—food for the camels that bring the kings bearing gifts. In the morning, the children awake to find gifts where they have left the grass.

Along with Three Kings' Day, Good Friday is also an important holiday for community residents. Since Catholics don't eat meat on this day, many of the dishes prepared are fish-based. Ensalada de Pulpo (octopus salad) and Ensalada de Bacalao (codfish salad) are traditionally served. Another holiday, San Juan Batista, is traditionally celebrated around Columbus Day. San Juan Batista honors Juan Batista, a Spanish explorer and one of the colonizers of Puerto Rico.

On the following pages, you will find an assortment of recipes prepared on occasions like these, as well as on Thanksgiving and the December holidays.

Recetas de días festivos

LAS CELEBRACIONES Y FESTIVIDADES juegan un rol fundamental en mantener unida a la comunidad de Alphabet City. Los Tres Reyes Magos es una de la festividad más importantes de todas las que se celebran en el vecindario. En esa fecha (6 de enero) los Tres Reyes Magos siguen durante la noche a una estrella radiante que los guía a llevar regalos a los niños que se han portado bien durante todo el año. Prepararse para la visita de los reyes significa que los niños deben guardar grama bajo sus camas, como alimento para los camellos que traen los preciados regalos. En la mañana siguiente, los niños se levantan para encontrar los regalos en el mismo sitio donde dejaron la grama.

Además de los Tres Reyes Magos, el Viernes Santo es también una festividad importante para los habitantes de la comunidad. Muchos de los platos son de pescado, porque los católicos no comen carnes en esa fecha. Las ensaladas de pulpo y la de bacalao son tradicionales ese día. Otra fiesta, San Juan Batista se celebra por los días cercanos al Día de la Raza. San Juan Batista es en honor a Juan Batista, uno de los exploradores españoles que colonizó Puerto Rico.

En las páginas siguientes, usted encontrará varias recetas apropiadas para estas festividades, la Navidad y el Día de Acción de Gracias.

SALTED CODFISH SALAD

Florencio F. Cuevas

FLORENCIO CUEVAS IS A NUYORICAN— A PUERTO RICAN RASISED IN NEW YORK. FORTUNATELY HIS MOTHER, BIENVENIDA CUEVAS, EXPOSED HIM TO PUERTO RICAN COOKING AND CUSTOMS. HERE IS ONE OF HIS FAVORITE FAMILY HOLIDAY RECIPES, TRADITIONALLY EATEN DURING HARD TIMES BECAUSE IT IS AN INEXPENSIVE WAY TO FEED THE FAMILY.

FOR THE SALAD:

3-5 lbs. dried, salted codfish, cut into 2-inch pieces and rinsed
3 Tbsps. lemon juice
1 large red onion, sliced
3-4 scallions, chopped
bunch of fresh cilantro, chopped

1 avocado, sliced or cut into chunks
3-4 plum tomatoes, sliced
3 bell peppers (1 each red, yellow, and green), sliced or cut into chunks

FOR THE DRESSING:

1 cup olive oil, or more, to taste
¼ cup Balsamic vinegar, or more to taste
2 Tbsps. chopped garlic

¼ cup chopped cilantro
pinch of salt
pinch of white pepper
pinch of oregano

1. Place the codfish pieces in a pot with water to cover. Add 1 teaspoon of the lemon juice and bring to a boil. Drain well and repeat twice, so that the pieces have been boiled three times to extract the salt. Drain the codfish and place on paper towels to cool. When cool, cut into chunks.

2. In a large bowl, combine the codfish with the onions, scallions, cilantro, avocado, tomatoes, and bell peppers. Combine the dressing ingredients, pour over the salad, and serve.

Note: Florencio serves this over yuca and other root vegetables like malanga and yautía. He peels the vegetable, boils until soft, and then rinses them before serving.

ENSALADA DE BACALAO

Florencio Cuevas

PARA LA ENSALADA:

3-5 lb de bacalao salado picado en trozos de 2 pulgadas y escurrido

3 Cuch de jugo de limón

1 cebolla roja grande

3-4 cebollines picados

1 manojo de cilantro fresco

1 aguacate rebanado

3-4 tomates italianos rebanados

3 pimientos (1 morrón, 1 amarillo y 1 verde) rebanados o troceados

PARA LA SALSA:

1 taza de aceite de oliva o más, al gusto

¼ taza de vinagre balsámico o más, al gusto

2 Cuch de ajo picado

¼ taza de cilantro picado

una pizca de sal

una pizca de pimienta blanca

una pizca de orégano

1. Coloque bacalao en una olla y cúbralo con agua. Añada una cucharada del jugo de limón y llévelo a un hervor. Escúrralo bien y repita el proceso 2 veces más, de manera que el bacalao hierva 3 veces para extraerle la sal. Escurra y colóquelo sobre papel absorbente. Cuando se enfríe córtelo.

2. En un recipiente grande, mezcle el bacalao con las cebollas, los cebollines, el cilantro, el aguacate, los tomates y los pimientos. Mezcle los ingredientes de la salsa, viértalos sobre la ensalada y sirva.

Nota: Florencio sirve este plato con yuca. El pela los vegetales, los hierve hasta que ablandan y los escurre antes de servir.

FLORENCIO CUEVAS ES UN NUYORICAN: UN PUERTO-RRIQUEÑO CRIADO EN NEW YORK. AFORTUNADAMENTE, SU MADRE— BIENVENIDA CUEVAS—LO PUSO EN CONTACTO CON LA COCINA Y LAS COSTUMBRES PUERTORRIQUEÑAS. HE AQUÍ UNA DE SUS RECETAS FAMI-LIARES FAVORITAS, QUE TRADICIONAL-MENTE COMÍA DURANTE LOS TIEMPOS DIFÍCILES PORQUE ES UNA MANERA BARATA DE ALIMENTAR A LA FAMILIA.

SPICED ROAST CHICKEN

Al Gore

THIS ROAST
CHICKEN FROM VICE
PRESIDENT AL
GORE COMBINES
TECHNIQUES AND
INGREDIENTS FROM
A NUMBER OF
CULTURES: GARAM
MASALA IS A SPICE
MIX FROM INDIA,
AVAILABLE IN MANY
SUPERMARKETS AND
MOST GOURMET
SHOPS; MARSALA IS
A SWEET SICILIAN
WINE; AND ROAST
CHICKEN WITH
STUFFING IS, OF
COURSE, AN AGE-
OLD AMERICAN
TRADITION.

2 Tbsps. olive oil
1 onion, finely chopped
1 tsp. garam masala
4 oz. mushrooms, chopped
1 cup coarsely grated parsnips
1 cup coarsely grated carrots
¼ cup minced walnuts
2 tsps. chopped thyme
1 cup fresh, white bread crumbs
1 egg, beaten
Salt and pepper, to taste
3½ lb. chicken
1 Tbsp. margarine
⅔ cup Marsala (or sweet red wine)

1. Preheat oven to 375°.
2. Prepare stuffing: In a large saucepan, heat the olive oil. Add the onion and sauté 2 minutes or until softened. Stir in the garam masala and cook 1 minute. Add mushrooms, parsnips, and carrots. Cook, stirring frequently, for 5 minutes. Remove from heat, and add the walnuts, thyme, bread crumbs, egg, and salt and pepper.
3. Stuff and truss the chicken and place it breast-side-down in a roasting pan. Add ¼ cup water. If you have too much stuffing, cook the extra in a pan alongside the bird or stuff it under the chicken's skin. Roast 45 minutes and then turn the chicken breast-side-up. Dot with margarine. Roast about 45 minutes longer, or until a meat thermometer inserted in the thickest part of the thigh (not touching the bone) registers 185°. Transfer to a plate.

4. Pour off and discard any fat from the roasting pan. Add Marsala to remaining cooking juices. Boil pan over high heat (stirring to scrape up any browned bits) to thicken slightly. Season to taste and serve over sliced chicken.

SERVES 6

Note: Garam masala is a spice blend most often combining cumin, coriander seed, cardamom, black pepper, cloves, bay leaf, and cinnamon.

POLLO ASADO PICANTE

Al Gore

2 Cuch de aceite de oliva
1 cebolla picadita
1 cuch de Garam masala
4 oz de hongos picados
1 taza de pastinaca rallada (familia del perejil)
1 taza de zanahoria rallada
¼ de nueces picadas
2 cuch de tomillo picado
1 taza de pan fresco rallado
1 huevo batido
sal y pimienta, al gusto
3½ lb de pollo
1 Cuch de margarina
⅔ taza de Marsala (o vino tinto dulce)

1. Precaliente el horno a 375°.
2. Preparación del relleno: caliente el aceite de oliva en un sartén grande. Añada la cebolla y sofría 2 minutos o hasta que se ablande. Agregue el Garam masala y cocine por 1 minuto. Añada los hongos, la pastinaca y las zanahorias. Cocine, removiendo frecuentemente por 5 minutos. Retire del fuego y añada las nueces, el tomillo, el pan rallado, el huevo, la sal y la pimienta.
3. Rellene y ate el pollo y colóquelo con la pechuga hacia bajo en un recipiente para hornear. Añada ¼ taza de agua. Si tiene demasiado relleno, cocine el resto en el recipiente junto al ave o bajo su piel. Hornee por 45 minutos y déle vuelta. Salpique con margarina. Hornee 45 minutos más, o hasta que el termómetro introducido en la parte más gruesa del muslo —sin tocar el hueso— indique 185 °. Páselo a un plato.

4. Elimine la grasa restante en el recipiente. Añada marsala a los jugos que desprendió el pollo. Caliente el recipiente a fuego máximo para espesar la salsa, hasta remover los restos que se hayan adherido. Sazone al gusto y sirva sobre el pollo rebanado.

6 PORCIONES

Nota: Garam masala es una especia que combina comino, cilantro, cardamomos, pimienta negra, clavos de especia, hojas de laurel y canela.

RICE WITH PIGEON PEAS

Iris Camacho

IN NEIGHBORHOOD RESIDENT IRIS CAMACHO'S FAMILY, AS IN MANY PUERTO RICAN FAMILIES, THIS DISH IS SERVED ON ALMOST EVERY HOLIDAY, ESPECIALLY THREE KINGS DAY. IT IS OFTEN SERVED WITH ROAST PORK, BUT IT IS ALSO EATEN ON ITS OWN YEAR-ROUND. IRIS'S MOTHER TAUGHT HER HOW TO COOK THIS MEAL, AND SHE IN TURN TAUGHT HER SONS.

2 cups white rice
2 Tbsps. cooking oil
½ pound cooking ham, chopped
¼ pound linguica or other sausage, chopped
16-oz. can tomato sauce
2 Tbsps. *sofrito*
8-oz. can *gandules* (pigeon peas)
Olives, to taste
Onions, to taste

1. Combine the rice and 4 cups of water in a large saucepan over medium heat.
2. Add the oil, ham, and sausage to the rice, stirring occasionally.
3. Stir in the tomato sauce, *sofrito, gandules,* and olives. Bring to a boil, reduce to a simmer, cover, and simmer until the rice is cooked through.

SERVES 6

ARROZ CON GANDULES

Iris Camacho

2 tazas de arroz blanco
2 Cuch de aceite de freír
½ lb de jamón para
   cocinar, picado
¼ lb de salchicha linguica
   u otra picada

1 lata de salsa de tomate
   de 16 oz
2 Cuch de *sofrito*
1 lata de *gandules* de 8 oz
aceitunas al gusto
cebollas al gusto

1. Mezcle el arroz y 4 tazas de agua en un sartén grande a fuego medio.
2. Añada el aceite, el jamón y la salchicha al arroz, removiendo ocasionalmente.
3. Añada la salsa de tomate, el *sofrito*, los *gandules* y las aceitunas. Lleve a un hervor, reduzca el fuego y cubra el sartén hasta que el arroz se cocine completamente.

6 PORCIONES

COMO EN LA MAYORÍA DE LAS FAMILIAS PUERTO-RRIQUEÑAS, EN LA DE NUESTRA VECINA IRIS CAMACHO ESTE PLATO ES SERVIDO EN TODAS LAS FESTIVIDADES, EN ESPECIAL LA DE LOS TRES REYES MAGOS. GENERAL-MENTE LLEVA PUERCO ASADO, PERO TAMBIÉN LO COMEN DURANTE TODO EL AÑO. LA MAMÁ DE IRIS LA ENSEÑÓ A COCINAR ESTE PLATO, Y ELLA SE LO ENSEÑÓ A SUS HIJOS.

SQUASH MAMBOMANÍA

Gloria E. Fontanez

1 large butternut squash,
   halved, seeds removed
4 Tbsps. cinnamon
2 Tbsps. sugar or 5 packs
   Equal (or other sugar
   substitute)

1 tsp. butter
1 oz. goat cheese
   (or Mozzarella)

1. Sprinkle cinnamon over both halves of the squash and place halves in a microwave-safe dish. Add ⅓ cup of water to dish. Cover dish with plastic wrap.
2. Microwave on high for 7-9 minutes. Let cool and remove peel.
3. Sprinkle sugar or Equal on top. (It is important to only add Equal after the squash has been cooked.) Add butter.
4. Spread the butter and cheese on the squash. Microwave on high for 1 minute, just to heat. Serve.

SERVES 2-4

Note: You can also cook this in a conventional oven at 350° for 1 hour. Make sure your dish is oven-safe, and cover the squash with foil instead of plastic wrap.

BECAUSE OF THE LOW-FAT, HIGH-ENERGY BOOST IT PROVIDES, ACCORDING TO GLORIA FONTANEZ, THIS DISH IS A FAVORITE OF MAMBO DANCERS. TRY IT ON THANKSGIVING—IT'S DELICIOUSLY SWEET AND WILL IMPRESS EVEN THE MOST STUBBORN VEGETABLE-HATERS.

CALABAZA DE MAMBOMANÌA

Gloria E. Fontanez

1 calabaza tipo
   "butternut" picada en
   dos y sin semilla
4 Cuch de canela
2 Cuch de azúcar o
   5 sobres de Equal

1 cuch de mantequilla
1 oz de queso de cabra
   (o mozzarella)

1. Espolvoree canela sobre las dos mitades de la calabaza y colóquelas en un plato resistente al microondas. Añada ⅓ de taza de agua al plato y envuélvalo en plástico.
2. Active el microondas por 7-9 minutos. Deje enfriar y quite la concha.
3. Espolvoree el azúcar or el Equal. (Es importante agregalor cuando la calabaza esté cocida).
4. Añada la mantequilla y úntela con el queso por toda la calabaza. Póngala de nuevo en el microondas por 1 minuto a máxima capacidad solo para calentar. Sirva.

2-4 PORCIONES

Nota: También puede cocinarla en un horno convencional a 350° por 1 hora. Asegúrese de que el recipiente es resistente al horno y cubra la calabaza con papel de aluminio en lugar de plástico.

DEBIDO A QUE ES MUY ENERGÉTICO PERO NO ENGORDA, ESTA RECETA ES LA FAVORITA DE LOS QUE BAILAN MAMBO, SEGÚN EXPLICA GLORIA FONTANEZ. PRUÉBELO EL DÍA DE ACCIÓN DE GRACIAS. ES DELICIOSAMENTE DULCE E IMPRESIO-NARÁ INCLUSO AL MÁS ACÉRRIMO ENEMIGO DE LOS VEGETALES.

TEMBLEQUE

Dormitilia Morales

THIS IS ONE OF DORMITILIA MORALES'S FAVORITE CHRISTMAS DESSERTS. IT IS ALSO SERVED ON THREE KINGS' DAY.

1 cup cornstarch
2 quarts coconut milk mixed with 2 quarts water

3 cups white sugar
1 tsp. vanilla
1 tsp. salt

1. Combine all the ingredients in a pot over a low flame.
2. Stir the ingredients until the cornstarch and coconut milk are well mixed.
3. Bring to a boil, stirring constantly. Reduce to a simmer and cook over a low flame for 10 minutes.
4. Place the mixture in a large glass dish and refrigerate. Serve chilled.

MAKES 24 PORTIONS

Note: If you can find it, use a product called Coco Lopez *in place of both the coconut milk and the sugar.*

TEMBLEQUE

Dormitilia Morales

1 taza de maicena
½ galón de leche de
   coco mezclada con
   ½ galón de galón
   de agua

3 tazas de azúcar blanca
1 cuch de vainilla
1 cuch de sal

1. Mezcle todos los ingredientes en una olla a fuego lento.
2. Remueva los ingredientes hasta que la maicena y el coco se mezclen bien.
3. Llévelo a un hervor, removiendo constantemente. Reduzca el fuego y cocine a fuego lento por 10 minutos.
4. Coloque la mezcla en un recipiente grande de vidrio y refrigere. Sirva frío.

24 PORCIONES

Nota: Si lo encuentra, use el producto Coco Lopez *en lugar de la leche de coco y el azúcar.*

ESTE ES UNO DE LOS POSTRES NAVIDEÑOS FAVORITOS DE DORMITILIA MORALES. TAMBIÉN ES SERVIDO EL DÍA DE LOS TRES REYES MAGOS.

OVEN POT ROAST

Ruth Osborn

HERE'S AN EASY-
TO-PREPARE
HOLIDAY POT ROAST
THAT WILL MAKE
ANY OCCASION
SPECIAL.

4-5 lbs. round roast
(center cut if possible)
3-4 large carrots, peeled
and thinly sliced
4 stalks celery, thinly sliced

2-3 large onions, sliced
into rings
1 cup ketchup

1. Brown the roast on all sides in a heavy frying pan.
   If you brown the fat-side first, you will not need
   to use oil. If necessary use a little nonstick spray.
2. Place carrots and celery in the bottom of a large
   roasting pan. Place browned meat on top.
3. Cook onions in the same frying pan. When
   browned, add 2½ cups water and the ketchup.
   Stir until smooth.
4. Pour onion mixture over meat and cover pan.
5. Cook in a 325° oven for 3-4 hours, until the meat
   is tender.

SERVES 8

*Note: You can also follow this recipe and cook the meat in a crock
pot for 6 hours.*

ASADO AL HORNO

Ruth Osborn

4-5 lb de asado redondo (corte central, si es posible)

3-4 zanahorias grandes, peladas y rebanadas

4 de manojos de apio picaditos

2-3 cebollas grandes rebanadas en aros

1 taza de ketchup

1. Dore la carne completamente en un sartén. Si dora el lado con grasa primero, no necesitará usar el aceite. Use aerosol para evitar que la comida se pegue, si hace falta.
2. Coloque las zanahorias y el apio en un recipiente de hornear grande y la carne dorada encima.
3. Cocine las cebollas en el mismo sartén. Cuando se doren, añada 2½ tazas de agua y el ketchup. Remueva hasta que obtenga una consistencia suave.
4. Vierta la mezcla de la cebolla sobre la carne y cubra el recipiente.
5. Cocine en un horno a 325° por 3-4 horas, hasta que la carne se ablande.

8 PORCIONES

Nota: Puede seguir estas instrucciones y cocinar la carne en una olla de barro por 6 horas.

COQUITO

Felipe A. Franco

COQUITO IS A DRINK
SIMILAR TO EGG NOG
THAT, IN PUERTO
RICO, IS SERVED OR
GIVEN AS A GIFT ON
THREE KINGS' DAY,
CHRISTMAS, AND
OTHER HOLIDAYS.
FOLLOWING ARE
TWO RECIPES FOR
THIS SWEET,
CREAMY TREAT.
ACCORDING TO
FELIPE FRANCO,
"MY MOTHER
SPENDS A COUPLE
OF HOURS MAKING
COQUITO AND A
COUPLE OF DAYS
DELIVERING IT!"

4 cinnamon sticks
8-10 cloves
1 cup water
20-oz. can coconut milk
20-oz. can condensed milk

1 cup rum (optional)
1 cup fruit nectar
4 eggs

1. Boil cinnamon sticks and cloves in the water for 1-2 minutes.
2. Add the remaining ingredients to the pot in the order in which they are listed above.
3. Serve warm or cool.

SERVES 6-8

COQUITO

Felipe A. Franco

4 palitos de canela
8-10 clavos de especia
1 taza de agua
1 lata de leche de coco
    de 20 oz

1 lata de leche
    condensada de 20 oz
1 taza de ron (opcional)
1 taza de néctar de frutas
4 huevos

1. Hierva la canela y los clavos en agua por
    1-2 minutos.
2. Añada los ingredientes restantes a la olla
    en el orden en que aparecen en la lista.
3. Sirva caliente o frío.

6-8 PORCIONES

COQUITO ES UNA BEBIDA QUE ES OFRECIDA EN PUERTO RICO COMO UN REGALO EL DÍA DE LOS TRES REYES MAGOS, NAVIDAD Y OTRAS FESTIVIDADES. HE AQUÍ DOS RECETAS DE ESTA DULCE Y CREMOSA DELICIA. SEGÚN FELIPE FRANCO, "MI MADRE TARDA DOS HORAS PREPARANDO COQUITO Y DOS DÍAS REPARTIÉNDOLO".

COQUITO

Lillian Colón

THIS RECIPE IS
SPECIAL TO THE
COLÓN FAMILY AND
IS FREQUENTLY
SERVED AT FAMILY
GATHERINGS
CELEBRATING
CHRISTMAS AND
THE NEW YEAR.

1½ cups water

¼ cup cloves

4 cinnamon sticks

3 anise stars

15-oz. can *Coco Lopez* or *Coco Goya* (cream of coconut)

12-oz. can evaporated milk

½ cup white rum or vodka (optional)

½ tsp. vanilla extract

1. In a large pot, boil the water, adding the cloves, cinnamon sticks, and anise stars.
2. Combine the remaining ingredients in a blender and purée until smooth.
3. After the water boils, it should turn a slight brown color. Strain the ingredients
4. Pour the water into the blender with the rest of the liquids and purée.
5. Refrigerate and shake well before serving.

SERVES 6-8

COQUITO

Lillian Colón

1½ taza de agua
¼ taza de clavos de especia
4 palitos de canela
3 flores de anís
1 lata de *Coco Lopez* o
  Coco Goya (crema
  de coco) de 15 oz

1 lata de leche evaporada
  de 12 oz
½ taza de ron blanco o
  vodka (opcional)
½ cuch de esencia
  de vainilla

1. En una olla grande, hierva el agua, añada los
   clavos, la canela y las flores de anís.
2. Mezcle los ingredientes restantes en una licuadora
   hasta obtener un puré.
3. Cuando el agua hierva, debe tomar una tonalidad
   marrón. Retire los ingredientes.
4. Vierta el agua en la licuadora con el resto de los
   líquidos y mézclelos.
5. Refrigere y bata bien antes de servir.

6-8 PORCIONES

ESTA RECETA ES
UNA ESPECIALIDAD
DE LA FAMILIA
COLÓN Y ES
SERVIDA FRECUEN-
TEMENTE CUANDO
SUS INTEGRANTES
SE REÚNEN PARA
CELEBRAR EL AÑO
NUEVO Y LA
NAVIDAD.

HERBED ROASTED TURKEY BREAST AU JUS

Brian Travis

4-5 lbs. Louis Rich fresh turkey breast half
2 large garlic cloves, sliced
1 tsp. onion salt
Salt, to taste
1 tsp. oregano
Paprika
2 cups chicken broth
2 Tbsps. dry white wine or sherry

1. Leaving the skin attached along one side, use a knife to separate the meat from the skin of the turkey breast. Lift skin.
2. Make 6-8 small cuts along the meat and insert garlic slices into the pockets.
3. Rub the meat with half of the onion salt, salt, and oregano. Replace skin, securing with skewers or toothpicks.
4. In shallow, foil-lined roasting pan, place the turkey breast skin-side-up.
5. Bake in a 325° oven for 2-2½ hours or to an internal temperature of 175°. Let stand for 10-15 minutes before slicing.
6. Cut the meat away from bone. Remove skewers and slice.
7. Combine broth, wine, and the remaining onion salt, salt, and oregano in a saucepan and heat through. Pour mixture over the turkey slices and serve.

SERVES 8-10

Note: For a two 2-4 pound turkey portion, use half the amount of garlic, seasoning, broth, and wine and bake for 1½ -2 hours.

PECHUGA DE PAVO ASADA CON HIERBAS EN SU JUGO

Brian Travis

4-5 lb de media pechuga
de pavo fresco
Louis Rich
2 dientes de ajo grandes
rebanados
1 cuch de sal con sabor
a cebolla

sal al gusto
1 cuch de orégano
pimentón (paprika)
2 tazas de caldo de pollo
2 Cuch de vino blanco
seco o jerez

1. Con un cuchillo, despegue parcialmente la piel de la carne. No la dañe porque la necesitará.
2. Haga 6-8 cortes a la carne para introducir el ajo.
3. Frote la carne con la mitad de la cebolla, sal y orégano. Lleve la piel de nuevo a su lugar y sujétela con palillos de dientes.
4. En un recipiente para hornear, coloque la pechuga con la piel hacia arriba.
5. Hornee a 325° por 2-2½ horas o a una temperatura interna de 175°. Antes de rebanar, déjelo reposar por 10-15 minutos.
6. Sáquele los huesos y los palillos y rebánela.
7. Mezcle el caldo, el vino y la cebolla, sal y orégano restantes en un sartén y caliéntelos. Vierta la salsa sobre las rebanadas de pavo y sirva.

8-10 PORCIONES

Nota: Para preparar 2 presas de 2-4 libras de pavo, use la mitad de ajo, sazón, *caldo y vino y hornee por 1½ horas.*

AUNQUE NO ES EL TRADICIONAL PAVO DE 15 LIBRAS CON RELLENO ESPECIAL DE LA ABUELA, ESTA RECETA ES PERFECTA PARA UNA CENA PEQUEÑA DE ACCIÓN DE GRACIAS, SI NO QUIERE LIDIAR CON EL AVE ENTERA. NO LE SOBRARÁ MUCHA COMIDA, PERO SEGURO QUE LA DISFRUTARÁ.

137

Quick and Easy

TOO TIRED TO COOK SOMETHING elaborate or complicated? All of these recipes are easy to make, and a lot them call for ingredients you probably already have in your pantry. When you prepare these dishes, you should be out of the kitchen enjoying your creation in a half-hour or less (excluding baking time).

There are main dishes, like New York City Parole Officer Lawrence Johnson's Scampi and Reverend Brígido Hernández's Nuyorican Macaroni; appetizers like the La Bodega staff's favorite Guacamole; and special treats, like Peanut Butter, Jam, and Banana Sandwiches from Limbo Coffee Bar.

Rápido y fácil

SI ESTÁ MUY CANSADO PARA COCINAR platos trabajosos o complicados, estas recetas son ideales. Fáciles de hacer, muchas requieren ingredientes que usted probablemente ya tiene en su despensa. Cuando prepare estos platos, en sólo media hora (excluyendo los platos horneados) o menos usted prodrá disfrutar de su creación.

Hay platos principales, como la receta de camarones de Lawrence Johnson, funcionario de la Oficina de Libertad Bajo Palabra de la Ciudad de New York, o los macarrones al estilo nuyorican del reverendo Brígido Hernández. Esta sección también incluye aperitivos como el guacamole, uno de los predilectos del personal de La Bodega y otros refrigerios especiales como el sándwich de mantequilla de maní, mermelada y guineo del Limbo Coffee Bar.

SWEET AND SOUR CHICKEN

Robert Colón

THIS RECIPE—
WHICH CAN BE
DOUBLED AND
SERVED OVER RICE
OR VEGETABLES—
IS A SIMPLE, INEX-
PENSIVE WAY TO
FEED THE FAMILY,
IMMEDIATE OR
EXTENDED. AND
THE BEST PART IS,
PEOPLE WILL THINK
YOU SPENT HOURS,
INSTEAD OF MIN-
UTES, PREPARING IT.

1½ lbs. chicken
  (a combination of
  skinned breast fillets,
  thighs, and drumsticks)
McCormick Salad Herbs
  spice seasoning, to taste
Adobo or seasoned meat
  tenderizer, to taste

8-oz. bottle Russian
  salad dressing
12-oz. jar apricot
  preserves
1 envelope Campbell's or
  Lipton onion soup mix
1 tsp. corn oil

1. Preheat the oven to 350°. Wash and cut the breast fillets into chunks. Cut 1 or 2 slits into the drumsticks and thighs.
2. Place the chicken in a 3-inch deep, lightly oiled pan. Sprinkle the McCormick Salad and Herbs seasoning and *adobo* or seasoned meat tenderizer over the chicken. Set aside.
3. In a large bowl, combine the Russian dressing, apricot preserves, and onion soup mix. Pour the sauce over the chicken to ensure complete coverage. Cover with aluminum foil.
4. Cook the chicken for 45 minutes. Remove the foil and cook for 20 minutes at 400°, turning frequently, until golden brown.

SERVES 2-3

Note: If you can't find Russian salad dressing, you can substitute ½ cup ketchup and ½ cup mayonnaise.

POLLO AGRIDULCE

Robert Colón

1½ lb de pollo (pechuga sin piel y muslos)
aderezo de especias para ensaladas marca McCormick al gusto
adobo o ablandador de carne sazonado al gusto

1 botella de salsa rusa para ensalada de 8 oz
1 frasco de conserva de albaricoque
1 sobre de sopa de cebolla marca Campbell o Lipton
1 cuch de aceite de maíz

1. Precaliente el horno a 350°. Lave y corte la pechuga en trocitos. Corte 1 ó 2 tiras del muslo y la pechuga.
2. Coloque el pollo en una cazuela de 3 pulgadas que haya sido humedecida con aceite. Rocíe el pollo con el *adobo* o el ablandador de carne. Coloque aparte.
3. En un recipiente grande, mezcle la salsa rusa, la conserva de albaricoque y la mezcla de sopa de cebolla. Vierta la mezcla sobre el pollo y asegúrese que lo cubra por completo. Cúbralo con papel aluminio.
4. Cocine el pollo por 45 minutos. Luego quítele el papel aluminio y cocínelo por 20 minutos más a 400°. Voltee el pollo con frecuencia hasta que se dore.

2-3 PORCIONES

Nota: Si usted no puede conseguir la salsa rusa para ensaladas puede reemplazarla con ½ taza de ketchup y ½ taza de mayonesa.

ESTA RECETA, QUE PUEDE SERVIRSE ENCIMA DEL ARROZ O DE LOS VEGETALES, ES SENCILLA DE HACER Y ECONÓMICA PARA ALIMENTAR LA FAMILIA. LO MEJOR ES QUE LA GENTE CREERÁ QUE REQUIRIÓ DE MUCHO TIEMPO PARA SU PREPARACIÓN.

GUACAMOLE AND TORTILLA CHIPS

Mia Santiago

2 ripe avocados
1 medium red onion
2 medium tomatoes

1 Tbsp. lime juice
Salt, to taste
1 bag of tortilla chips

1. Peel and pit the avocados, and cut them into small pieces.
2. In a medium bowl, with the back of a fork, mash the avocados until they resemble a chunky paste.
3. Cut the tomatoes into small pieces. Dice the onions.
4. Add the onions and tomatoes to the mixing bowl. Stir until evenly blended.
5. Add the lime juice and salt, and serve with the tortilla chips.

Note: You can also add a few tablespoons of chopped cilantro, if you like.

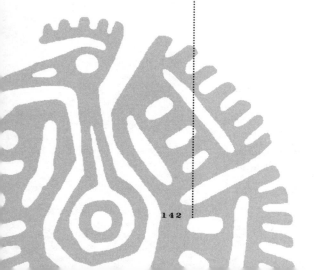

GUACAMOLE Y CHIPS DE TORTILLAS

Mia Santiago

2 aguacates maduros
1 cebolla roja mediana
2 tomates medianos
1 Cuch de jugo de lima
sal al gusto
1 bolsa de chips de tortilla

1. Pele y quítele la semilla a los aguacates y córtelos en trozos pequeños.
2. En un recipiente mediano, con un tenedor aplaste el aguacate hasta hacer una pasta espesa.
3. Corte los tomates y la cebolla en pedazos pequeños.
4. Agregue la cebolla y los tomates a la pasta.
5. Añada el jugo de lima y la sal y sirva con los chips de tortilla.

Nota: Este guacamole es tan delicioso que usted debe considerar prepararlo en mayor cantidad. También es fabuloso como acompañante de vegetales.

SIN DUDA, ESTA RECETA TIENE EL SELLO DE APROBACIÓN DE LOS EMPLEADOS DE LA BODEGA.

PEANUT BUTTER, JAM, AND BANANA SANDWICH

Limbo Coffee Bar

FOR MANY NEIGHBORHOOD RESIDENTS, LIMBO COFFEE BAR IS LIKE A HOME AWAY FROM HOME. WE HOPE YOU ENJOY THESE TWO RECIPES AS MUCH AS THEIR CUSTOMERS DO!

2 pieces sourdough or white-grain bread

2 heaping Tbsps. Skippy chunky peanut butter

1 banana, sliced lengthwise

2 Tbsps. raspberry preserves, with seeds

1. Toast the bread. Spread peanut butter on one side of each piece of toast.
2. Place the sliced banana on top of the peanut butter. Spread the raspberry preserves on the top of the banana and serve open-faced.

CINNAMON TOAST

2 slices sour dough or white-grain bread

Butter

1 Tbsp. granulated sugar

1 Tbsp. ground cinnamon

1. Toast the bread. Load the toast up with lots of butter.
2. In a mixing bowl, mix the sugar and cinnamon. Spoon the sugar/cinnamon mixture onto the bread. Shake off excess cinnamon and sugar. Slice diagonally and serve.

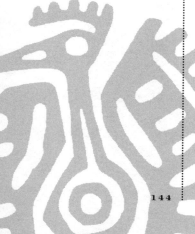

144

SÁNDWICH DE MANTEQUILLA DE MANÍ, MERMELADA Y GUINEO

Limbo Coffee Bar

2 rebanadas de pan tipo "sourdough" o "white grain"

2 Cuch generosas de mantequilla de maní marca Skippy

1 guineo rebanado a lo largo

2 Cuch de mermelada de frambuesa con semilla

1. Tueste el pan. Unte la mantequilla de maní en ambos lados de las rebanadas de pan.
2. Coloque la rebanada del guineo encima de la mantequilla untada. Unte la mermelada de frambuesa sobre el guineo y sirva.

TOSTADAS DE CANELA

2 rebanadas de pan tipo "sourdough" o "white-grain"

1 Cuch de azúcar granulada

1 Cuch de canela molida

1. Tueste el pan. Unte el pan con bastante mantequilla.
2. En un recipiente mezcle el azúcar y la canela. Agregue con una cucharita la mezcla del azúcar y la canela a la rebanada de pan. Elimine el azúcar y la canela sobrante. Corte de forma diagonal y sirva.

MILLIE'S MAC AND CHEESE

Nancy Acosta

EVERYBODY LOVES
MACARONI AND
CHEESE! THIS
CHEESY BAKED
VERSION BEATS
A BOXED VERSION
ANY DAY.

10¾-oz. can Campbell's
  cheddar cheese soup
3 cups milk
1 lb. American or cheddar
  cheese
½ stick butter or
  margarine
Garlic powder, to taste

Salt and black pepper,
  to taste
1 Tbsp. dried parsley
  flakes
⅓ cup Parmesan cheese
1 lb. elbow macaroni,
  cooked

1. In a large saucepan, combine soup, milk, and
   cheese and heat until melted.
2. In a casserole or baking dish, combine the melted
   cheese mixture and the remaining ingredients.
   Bake at 350° for 45 minutes or until cooked
   through.

SERVES 4

*Note: Even though the dish is called Mac and Cheese, you can use
other pasta shapes. Try penne, shells, or even ziti.*

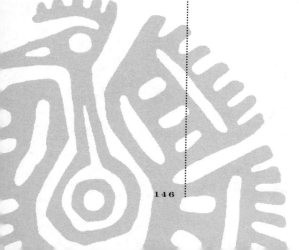

MACARRONES CON QUESO DE MILLIE

Nancy Acosta

1 lata de sopa de queso
 cheddar marca
 Campbell de 10¾ oz
3 tazas de leche
1 lb de queso cheddar
 o americano
½ barra de mantequilla
 o margarina

ajo en polvo al gusto
sal y pimienta negra
 al gusto
1 Cuch de hojuelas de
 perejil seco
⅛ taza de queso parmesano
1 lb de macarrones
 de coditos cocidos

1. En un cacerola grande combine la sopa, la leche
 y el queso. Cocínelos hasta que se derritan.
2. En otro recipiente para hornear, una la mezcla
 del queso derretido y los ingredientes restantes.
 Hornee a 350° por 45 minutos o hasta que esté
 bien cocido.

4 PORCIONES

Nota: Aunque el plato se llama macarrones con queso, puede usar
otro tipo de pasta, como penne, ziti y caracoles.

TODO EL MUNDO
AMA LOS
MACARRONES
CON QUESO PERO
ESTA VERSIÓN
HORNEADA ALGÚN
DÍA SUPERARÁ A
LA RECETA DE
LA CAJA.

FISH À LA RUSSI

Raul Russi

THIS IS ONE OF
DEPARTMENT OF
PROBATION COMMIS-
SIONER RUSSI'S
FAVORITE DISHES
TO PREPARE AFTER
A DAY OF FISHING.
DON'T RESTRICT
YOURSELF TO
FLOUNDER; THE
RECIPE CAN BE
ADAPTED ACCORDING
TO THE CATCH OF
THE DAY.

¼ stick butter or
  margarine
2 lbs. small flounder fillets
2 Tbsps. *adobo* (or other
  seasoning salt)

2 tsps. garlic powder
2 tomatoes, sliced
1 large onion, sliced
1 green bell pepper,
  sliced

1. Preheat oven to 375°. Line a 9" x 13" baking pan
   with aluminum foil, allowing the foil to hang over
   the sides by at least 2 inches.
2. Spread a little of the butter or margarine onto the
   foil and place fillets in a single layer. Reserve
   remaining fish for a second and possibly third
   layer. Sprinkle some of the *adobo* and garlic
   powder over the fish (reserving some for the other
   layers). Do the same with the tomato, onion, and
   bell pepper. Add butter slices.
3. Repeat the layers with remaining ingredients.
   Cover with aluminum foil and seal the edges.
   Bake for 12-15 minutes or until a toothpick easily
   goes through the fish.
4. Serve over a bed of rice, potatoes, or pasta.

SERVES 2-4

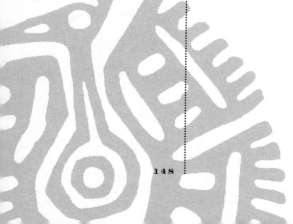

PESCADO À LA RUSSI

Raul Russi

¼ de barra de mantequilla o margarina

2 lb de filete de lenguado

2 Cuch de *adobo* u otro condimento en polvo

2 cuch de ajo en polvo

2 tomates rebanados

1 cebolla grande rebanada

1 pimiento verde rebanado

1. Precaliente el horno a 375°. Cubra un recipiente para hornear (9" x 13") con papel aluminio, asegurándose de que el papel cuelgue por lo menos 2 pulgadas de los lados.

2. Unte el papel con mantequilla o margarina y coloque los filetes de pescado en una sola capa. Salpíquelos con *adobo* y ajo en polvo. Haga lo mismo con el tomate, la cebolla y el pimiento verde. Añada rebanadas de mantequilla. (Recuerde apartar un poco de pescado y *adobo* para las demás capas).

3. Haga lo mismo con otras capas. Cúbralo con el papel aluminio y selle los bordes. Hornee de 12-15 minutos o hasta que un palillo de dientes atraviese el pescado con facilidad.

4. Sirva sobre el arroz, papas o pasta.

2-4 PORCIONES

DESPUÉS DE UN DÍA DE PESCA, ÉSTE ES UNO DE LOS PLATOS FAVORITOS DE RAUL RUSSI, COMISIONADO DE LA OFICINA DE LIBERTAD CONDICIONAL DE LA CIUDAD DE NEW YORK. NO SE LIMITE AL FILETE DE LENGUADO, PORQUE LA RECETA PUEDE AJUSTARSE A LA PESCA DEL DÍA.

COLD LINGUINE SALAD

Karen Horlick

Karen Horlick

PASTA FROM ITALY, SOY SAUCE AND SESAME FROM ASIAN CUISINES, AND A SPLASH OF AMERICAN TABASCO. LIKE LA BODEGA, THIS RECIPE HAS INFLUENCES FROM ALL OVER THE GLOBE! IT'S ESPECIALLY GOOD IN THE SUMMER, EITHER FOR A PICNIC OR FOR DINNER WHEN IT'S TOO HOT TO TURN ON THE OVEN.

8 oz. linguine, uncooked
8 scallions, sliced
2 carrots, coarsely shredded
2 medium stalks broccoli, cut into florets
½ cup oil
½ cup soy sauce

2-4 tsps. sesame oil
Juice of 2 lemons
1 clove garlic, crushed
2 drops Tabasco or other hot sauce
4 Tbsps. toasted sesame seeds

1. Cook linguine according to package directions and rinse under cold water.
2. In a large bowl, toss the linguine with the scallions, carrots, and broccoli.
3. Combine the oil, soy sauce, sesame oil, lemon juice, garlic, and Tabasco and pour mixture over the linguine.
4. Chill and toss with the sesame seeds before serving.

SERVES 4

Note: You can experiment with other pasta shapes, if you like; try eight ounces of shells, bow-ties, or even spaghetti if it's all you have on hand.

ENSALADA FRÍA
DE LINGUINI

Karen Horlick

8 oz de linguini crudo
8 cebollines rebanados
2 zanahorias ralladas
  gruesas
2 brócolis de tallo
  mediano cortados
  en florecitas
½ taza de aceite
½ taza de salsa de soya

2-4 cuch de aceite
  de ajonjolí
jugo de 2 limones
1 diente de ajo machacado
2 gotas de salsa de
  Tabasco u otra
  salsa picante
4 Cuch de semillas de
  ajonjolí tostadas

1. Cocine el linguini según las instrucciones del
   paquete y luego lávelos en agua fría.
2. En un recipiente grande coloque el linguini, los
   cebollines, las zanahorias y el brócoli.
3. Mezcle el aceite, la salsa de soya, el aceite de
   ajonjolí, el jugo de limón, el ajo, la salsa de
   Tabasco y viértalo en el linguini.
4. Enfríe y revuelva con las semillas de ajonjolí
   antes de servir.

4 PORCIONES

*Nota: Puede experimentar con otros tipos de pasta. Inténtelo
con 8 oz de caracoles, lacitos o espaguetis si es lo único que tiene
a la mano.*

PASTA DE ITALIA, SALSA DE SOYA Y AJONJOLÍ DE LA COCINA ASIÁTICA Y UN TOQUE DEL TABASCO ESTADOUNIDENSE. COMO LA BODEGA, ESTA RECETA TIENE UNA INFLUENCIA DE TODO EL MUNDO. ES BUENA PARA UN PICNIC O UNA CENA EN EL VERANO, CUANDO HAGA MUCHO CALOR PARA ENCENDER EL HORNO.

SCAMPI À LA PAROLE

Lawrence Johnson

PAROLE OFFICER
LAWRENCE JOHNSON
INVENTED THIS DISH
AS A LIGHT
ALTERNATIVE TO
SCAMPI—WHICH IS
TRADITIONALLY
MADE WITH LARGE
QUANTITIES OF
BUTTER. IF YOU
LEAVE OUT THE
BACON AND SAUTÉ
THE VEGETABLES
IN A TABLESPOON
OR TWO OF BUTTER
OR MARGARINE,
THIS DISH BECOMES
EVEN LIGHTER,
WITHOUT COM-
PROMISING FLAVOR.

1 large onion
1 large green pepper
1 large red pepper
1 garlic
Butter or margarine,
    for sautéing
1 lb. medium or large
    shrimp, shelled and
    deveined

1 lb. thin noodles
8-oz. can tomato sauce
½ lb. bacon, drained
    and finely chopped

1. Finely chop the onion, green pepper, red pepper, and garlic. Sauté in butter or margarine in a frying pan for 5 minutes.
2. Add shrimp and cook for 10 minutes, until the shrimp is pink and cooked through.
3. Meanwhile, cook the noodles according to the package directions.
4. Add tomato sauce to the shrimp mixture. Cook for 2 minutes. Serve the shrimp over the noodles, garnished with the bacon.

SERVES 4

Note: A lettuce, cucumber, and tomato salad along with garlic bread will make this a complete meal.

CAMARONES À LA PAROLE

Lawrence Johnson

1 cebolla grande
1 pimiento verde grande
1 pimiento morrón grande
1 ajo
mantequilla o margarina
   para sofreír
1 lb de camarones grandes
   o medianos con cáscara
   pero sin la venita negra

1 lb de fideos delgados
1 lata de salsa de tomate
   de 8 oz
½ lb de tocineta sin grasa
   y rebanada

1. Corte la cebolla, los pimientos y el ajo.
   Sofríalos en mantequilla o margarina en
   un sartén por 5 minutos.
2. Agregue los camarones y cocine por 10 minutos
   hasta que se pongan rosados y cocidos.
3. Cocine los fideos de acuerdo a las instrucciones
   del paquete.
4. Agregue salsa de tomate a la mezcla con los
   camarones. Cocine por 2 minutos. Sirva los
   camarones con los fideos y adorne el plato con
   la tocineta.

4 PORCIONES

*Nota: Una ensalada de lechuga con pepinillo y pan con ajo pueden
convertir este plato en una comida completa.*

LAWRENCE JOHNSON, FUNCIONARIO DE LA OFICINA DE LIBERTAD BAJO PALABRA, INVENTÓ ESTE PLATO COMO UNA ALTERNATIVA A LA ELABORACIÓN TRADICIONAL CON GRANDES CANTIDADES DE MANTEQUILLA CON QUE SE PREPARA EL CAMARÓN. SI EXCLUYE LA TOCINETA Y SALTEA LOS VEGETALES EN 1-2 CUCHARADAS DE MANTEQUILLA O MARGARINA, ESTA COMIDA ES AUN MÁS LIGERA SIN SACRIFICAR SU SABOR.

NIPPY CARROT NIBBLERS

David C. Lewis

THIS IS A HEALTHY, LOW-FAT SNACK THAT DAVID C. LEWIS, DIRECTOR OF BROWN UNIVERSITY'S CENTER FOR ALCOHOL & ADDICTION STUDIES, SAYS IS POPULAR WITH EVERYONE WHO TRIES IT, INCLUDING A HEALTH-GURU FRIEND. "PEOPLE ALWAYS ASK FOR THE RECIPE AND ARE SURPRISED AT HOW EASY IT IS TO MAKE."

3 Tbsps. olive oil
3 cloves garlic, chopped
1 Tbsp. chopped onion
1 lb. carrots (baby carrots or large carrots cut into sticks)
¼ cup vinegar
1½ tsps. salt
½ tsp. dry mustard
1 Tbsp. whole pickling spice
⅛ tsp. black pepper
1 onion, sliced

1. Heat the olive oil in a skillet and sauté the garlic and chopped onion until almost tender, about 5 minutes.
2. Stir in the carrots, vinegar, salt, mustard, pickling spice, and pepper. Simmer, covered, for 5 minutes. Add the sliced onion and simmer an additional 3-5 minutes.
3. Chill for at least 1 hour and serve.

SERVES 4-6

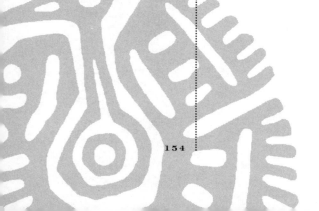

BOCADILLOS DE ZANAHORIA

David C. Lewis

3 Cuch de aceite de freír
3 dientes de ajo picados
1 Cuch de cebolla picada
1 lb de zanahorias
   (tiernas o grandes
   cortadas en
   rectángulos)

¼ taza de vinagre
1½ cuch de sal
½ cuch de mostaza seca
1 Cuch de encurtido
⅛ cuch de pimienta
   negra
1 cebolla rebanada

1. Caliente el aceite de oliva en un sartén y sofría el ajo y las cebollas picadas hasta que se ablanden, unos 5 minutos.
2. Mezcle las zanahorias, el vinagre, la sal, la mostaza, el encurtido y el pepinillo. Tape el sartén y deje hervir a fuego lento por 5 minutos. Añada la cebolla rebanada y hierva 3-5 minutos más.
3. Déjelo reposar por lo menos 1 hora y sirva.

4-6 PORCIONES

ESTA MERIENDA DE DAVID C. LEWIS, DIRECTOR DEL CENTRO PARA EL ESTUDIO DEL ALCOHOL Y ADICCIÓN DE BROWN UNIVERSITY, ES SALUDABLE Y BAJA EN GRASA. LEWIS INSISTE EN QUE SU PLATO ES MUY POPULAR INCLUSO PARA UN AMIGO GURÚ DE LA COMIDA VEGETARIANA. "LA GENTE SIEMPRE PIDE LA RECETA Y SE SORPRENDEN CON LO FÁCIL QUE ES", DICE.

DEVILED EGG POTATO SALAD

Anthony Tomaso

PAROLE BUREAU
CHIEF ANTHONY
TOMASO CALLS THIS
SALAD "DEVILED"
BECAUSE HE LIKES
IT SPICY. HE SAYS
YOU MAY ADD MORE
MUSTARD OR
HORSERADISH TO
TASTE: "MY GUIDE
IS THAT IF ONE EYE
SNAPS SHUT
INVOLUNTARILY
AND MY FACE
SCRUNCHES UP
WHEN I TASTE IT,
THEN I'VE GOT THE
RIGHT DEGREE OF
'DEVILED'."

5 lbs. red potatoes,
   quartered
1 Tbsp. vinegar
1 lb. bacon, fried and
   diced
1 small to medium
   Spanish onion, diced
1 small green pepper,
   diced

12 hard-boiled eggs,
   peeled and chopped
Salt and black pepper,
   to taste
1½ cups mayonnaise
¼ cup spicy brown mustard
2 Tbsps. white horseradish
1 tsp. paprika

1. In a large pot of boiling water, cook the potatoes
   until tender. Drain. Re-cover potatoes with cold
   water. Add the vinegar, allow to sit for 2 minutes,
   and drain again. Set aside to cool.
2. Cut the potatoes into chunks and place in a large
   bowl. Add the onion, green pepper, bacon, and
   eggs. Add salt and pepper to taste.
3. In a small bowl mix together the mayonnaise,
   mustard, and horseradish. Combine the dressing
   with the potato mixture and toss well. Sprinkle
   with paprika and chill before serving.

*Note: Potatoes tend to soak up moisture, you may want to make
and add more of the dressing.*

ENSALADA DE HUEVO Y PAPA ENDIABLADA

Anthony Tomaso

5 lb de papas rojas cuarteadas

1 Cuch de vinagre

1 lb de tocineta frita y cortada en cubitos

1 cebolla española pequeña o mediana cortada en cubitos

1 pimiento verde pequeño cortado en cubitos

12 huevos sancochados, pelados y picados

sal y pimienta negra al gusto

1½ taza de mayonesa

¼ taza mostaza marrón picante

2 Cuch rábano picante blanco

1 cuch pimentón (paprika)

1. En una olla con agua hirviendo cocine las papas hasta que ablanden. Cuele el agua y cubra las papas con agua fría. Añada el vinagre, déjelas reposar por 2 minutos y vuélvalas a colar. Apártelas y déjelas enfriar.

2. Corte las papas en trozos y colóquelas en un recipiente grande. Añada la cebolla, el pimiento, la tocineta y los huevos. Añada sal y pimienta al gusto.

3. En un recipiente pequeño mezcle la mayonesa, la mostaza y el rábano picante. Una la salsa con las papas y mezcle bien. Salpíquelo con el pimentón, enfríe y sirva.

Nota: Las papas tienden a absorber la humedad, por lo que tal vez deba agregar más salsa.

EL JEFE DE LA OFICINA DE LIBERTAD BAJO PALABRA, ANTHONY TOMASO, DICE QUE SU ENSALADA ES "ENDIABLADA" PORQUE LE GUSTA EL PICANTE. ÉL SUGIERE MÁS MOSTAZA O RÁBANO PICANTE AL GUSTO. "SÉ QUE TENGO EL 'ENDIABLADO' EXACTO CUANDO LA PRUEBO Y UN OJO SE ME CIERRA DE FORMA INVOLUNTARIA Y HAGO UNA MUECA", DICE.

TABBOULEH

Sam Syria

THIS TRADITIONAL SYRIAN SALAD IS A FAVORITE AT DAMASK FALAFEL, INC., A MIDDLE EASTERN RESTAURANT ON AVENUE A BETWEEN 5TH AND 6TH STREETS. TRY THE SALAD ON ITS OWN, OR STUFF IT INSIDE A PITA FOR A MORE FILLING TREAT.

½ cup of cracked wheat (bulghur)
1 cup boiling water
1 bunch parsley, coarsely chopped
1 bunch scallions, thinly sliced
3 large tomatoes, chopped
½ cup olive oil
Juice of 2-3 lemons

1. Put the cracked wheat in a large bowl and add the boiling water. Let stand for 30 minutes, or until all or most of the water is absorbed into the cracked wheat. Drain off any excess liquid.
2. Add the parsley, scallion, tomato, olive oil, and lemon juice and combine well. Chill for 1-6 hours and serve.

SERVES 4

Note: This is a great dish to bring to picnics and potlucks. Cracked wheat absorbs a lot of liquid, so, if the tabbouleh sits a long time in the refrigerator, you may want to add more lemon juice and/or olive oil before serving.

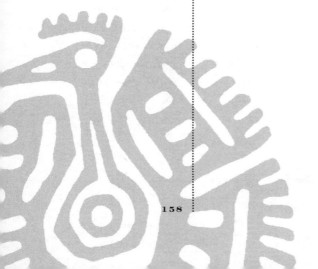

TABBOULEH

Sam Syria

½ taza de trigo molido
1 taza de agua hervida
1 racimo de perejil
    cortado en trozos
    gruesos
1 racimo de cebollines
    rebanados en trozos
    delgados

3 tomates grandes picados
½ taza de aceite de oliva
jugo de 2-3 limones

1. Coloque el trigo molido en un recipiente grande
   y vierta el agua hervida. Déjelo reposar por
   30 minutos o hasta que el trigo haya absorbido
   casi toda el agua. Escurra el líquido restante.
2. Agregue y mezcle bien el perejil, los cebollines,
   el tomate, el aceite de oliva y el jugo de limón.
   Enfríe 1-6 horas y sirva.

4 PORCIONES

Nota: Este es un plato maravilloso de diario y para llevar a los picnic. El trigo molido absorbe mucho líquido, así que si deja el tabbouleh por mucho tiempo en la heladera, tal vez tenga que agregar más jugo de limón y/o aceite de oliva antes de servir.

ESTA TRADICIONAL ENSALADA SIRIA ES UNA DE LAS PREDILECTAS EN EL DAMASK FALAFEL INC., UN RESTAURANTE DE COMIDA DEL MEDIO ORIENTE UBICADO EN LA AVENIDA A ENTRE LAS CALLES 5° Y 6°. PRUEBE LA ENSALADA SOLA O COMO RELLENO DE UN PAN PITA PARA OBTENER UNA COMIDA MÁS COMPLETA.

NUYORICAN MACARONI

Brígido Hernández

REVEREND BRÍGIDO
HERNÁNDEZ OF
THE PRIMITIVE
CHRISTIAN CHURCH
ON 6TH STREET
BETWEEN AVENUES
C AND D AND HIS
WIFE WORK CLOSELY
WITH LA BODEGA
TO ASSIST NEIGH-
BORHOOD RESI-
DENTS AND THEIR
FAMILIES. THIS IS
A FAVORITE FAMILY
RECIPE OF THEIRS,
USUALLY SERVED
WITH SALAD AND
ITALIAN BREAD.

1 Tbsp. salt

1 Tbsp. olive or vegetable oil

2 lbs. macaroni or ziti (2 boxes)

1 stick butter or margarine

28-oz. can tomato purée

1 lb. cheddar cheese, shredded

1 lb. mozzarella cheese, shredded

1. Boil a large pot of water with the salt and olive oil.
2. Add macaroni to boiling water and cook until tender. Drain.
3. In a saucepan over medium heat, add the margarine or butter and ¾ of the tomato purée. Mix in the cheddar cheese, and add more salt to taste. Cook just until the butter is melted.
4. Layer the sauce, the pasta, and the mozzarella in a casserole dish.
5. Cover with the remaining tomato purée.
6. Bake 20 minutes at 350° and serve.

SERVES 10

Note: To save even more time, Reverend Hernández buys pre-shredded cheeses. Use half as much butter or margarine if you are trying to cut down your fat intake.

MACARRONES NUYORICAN

Brígido Hernández

1 Cuch de sal
1 Cuch de aceite regular
  o vegetal
2 lb de macarrones o ziti
  (2 cajas)
1 barra de mantequilla
  o margarina

1 lata de puré de tomate
  de 28 oz
1 lb de queso cheddar
  desmenuzado
1 lb de queso mozzarella
  desmenuzado

1. Hierva agua con la sal y el aceite de oliva en una olla grande.
2. Agregue los macarrones al agua hasta que ablanden. Escúrralos.
3. Caliente un sartén a fuego medio, añada la margarina o mantequilla y ¾ del puré de tomate. Mezcle el queso cheddar y agregue sal al gusto. Cocine justo hasta que la mantequilla se derrita.
4. Coloque la salsa, la pasta y el queso mozzarella en capas, dentro de una cacerola.
5. Cúbralo con el resto del puré de tomate.
6. Hornee por 20 minutos a 350° y sirva.

10 PORCIONES

Nota: Para ahorrar tiempo, el reverendo Hernández compra el queso ya desmenuzado. Use sólo la mitad de la margarina o mantequilla si desea reducir el consumo de grasa.

EL REVERENDO BRÍGIDO HERNÁNDEZ Y SU ESPOSA, DE LA IGLESIA CRISTIANA PRIMITIVA UBICADA EN LA CALLE 6° ENTRE LAS AVENIDAS C Y D, TRABAJAN CON LA BODEGA PARA AYUDAR A SUS RESIDENTES Y SUS FAMILIAS. ÉSTA ES UNA DE SUS RECETAS FAMILIARES PREFERIDAS, LA CUAL SIRVEN GENERALMENTE CON ENSALADA Y PAN ITALIANO.

POTATO SALAD

Cecilia Rivera

THIS CRUNCHY POTATO SALAD IS ONE OF CECILIA RIVERA'S FAVORITE DISHES TO PREPARE, ESPECIALLY AROUND THANKSGIVING, WHEN APPLES ARE PLENTIFUL AND DELICIOUS.

5 medium potatoes, peeled and sliced
Salt, to taste
½ red apple, cubed
4-oz. jar pimientos
½ onion, chopped
4 oz. mayonnaise
3 hard-boiled eggs, sliced
4 oz. relish or sandwich spread

1. Place the potatoes in a pot with enough water to cover. Bring to a boil, adding salt to taste.
2. Meanwhile, in a medium bowl, combine the apple, pimientos, onion, and mayonnaise.
3. When the potatoes are fork tender, remove from the heat and drain.
4. In a large bowl, combine the potatoes with the mayonnaise mixture, adding the sliced egg and relish or sandwich mix. Refrigerate and serve chilled.

SERVES 3

Note: You can add other vegetables to the salad, if you like. You might try ½ cup sliced celery or carrots, or some chopped red or green bell pepper.

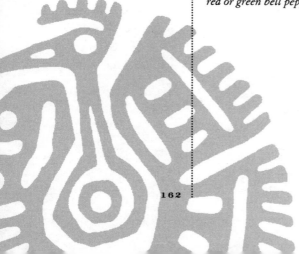

ENSALADA
DE PAPA

Cecilia Rivera

5 papas medianas, sin
   piel y rebanadas
sal al gusto
½ manzana roja cortada
   en cubitos
1 frasco de pimientos
   de 4 oz

½ cebolla picada
4 oz de mayonesa
3 huevos sancochados
   en rebanadas
4 oz de aderezo o crema
   para untar sándwich

1. Coloque las papas en una olla con agua suficiente
   para cubrirlas. Déjelas hervir y agregue sal al
   gusto.
2. En un recipiente mediano, mezcle las manzanas,
   los pimientos, la cebolla y la mayonesa.
3. Cuando las papas cedan al presionarlas con un
   tenedor, una la papa con la mezcla de la mayonesa
   y agregue el huevo rebanado, el aderezo o la
   crema para untar sándwich. Refrigere y sirva.

3 PORCIONES

*Nota: Puede agregar otros vegetales si desea. Tal vez ½ taza de apio
o zanahoria rebanadas, o algunos pimientos morrones o verdes.*

CHEESE DIP

Elba García

4 oz. sliced ham
1 red bell pepper
8 oz. jar Cheez Whiz
4 oz. cream cheese

Pineapple jelly
Cherries
1 pineapple, sliced

1. In a blender or food processor, purée the ham with the bell pepper and Cheez Whiz.
2. Layer half the cream cheese in a mold, followed by the ham mixture, the remaining cream cheese, and the pineapple jelly.
3. Garnish with cherries and pineapple slices.
4. Freeze for about 15-20 minutes, then serve with salty crackers.

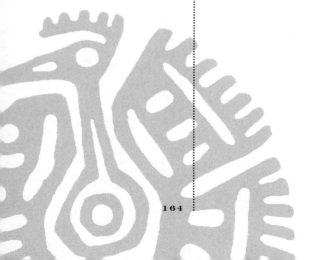

CREMA DE QUESO PARA UNTAR

Elba García

4 oz de jamón rebanado
1 pimiento morrón
1 frasco de Cheez Whiz
   de 8 oz.

4 oz de queso crema
mermelada de piña
cerezas
1 piña rebanada

1. En una picadora haga un puré con el jamón, el pimiento y el Cheez Whiz.
2. Coloque en un molde capas de queso crema, la mezcla del jamón, otra vez queso crema y la mermelada de piña.
3. Adorne con las cerezas y las rebanadas de piña.
4. Congele 15-20 minutos y sirva con galletas saladas.

DE ACUERDO CON LA VECINA ELBA GARCÍA, ESTE ES UN MARAVILLOSO APERITIVO PARA LAS REUNIONES FAMILIARES.

CHICKEN BAKED IN SOUR CREAM

Shirley Shapiro

THIS RECIPE WAS
HANDED DOWN TO
LA BODEGA PROJECT
DIRECTOR CAROL
SHAPIRO BY HER
MOTHER. CAROL
REMEMBERS RUSH-
ING HOME FROM
SCHOOL FOR THIS
SPECIAL DINNER.
NOW HER KIDS RUSH
HOME WHEN SHE
MAKES IT—AND
THEY ALWAYS INVITE
THEIR FRIENDS
TO COME OVER
AND SHARE! IT'S A
GOOD THING THIS
ENTRÉE TAKES
ONLY MOMENTS
TO PREPARE.

½ cup sour cream
1 Tbsp. lemon juice
1 Tbsp. Worcestershire sauce
1 tsp. celery salt
½ tsp. paprika

2 cloves garlic, minced
½ tsp. salt
Dash of pepper
1 cup bread crumbs
1 chicken (about 3 ½ lbs.), cut up

1. Heat oven to 350°.
2. Combine all the ingredients except the bread crumbs and chicken.
3. Dip pieces of the chicken into the mixture, and then into the bread crumbs.
4. Place chicken on a greased baking pan and bake for 50-60 minutes, until cooked through.

SERVES 4-6

POLLO HORNEADO EN CREMA AGRIA

Shirley Shapiro

½ taza de crema agria
1 Cuch de jugo de limón
1 Cuch de salsa
   worcestershire
1 cuch de sal de apio
½ cuch de pimentón
   (paprika)

2 dientes de ajo picado
½ cuch de sal
1 pizca de pimienta
1 taza de pan rallado
1 pollo de 3½ lb cortado

1. Precaliente el horno a 350°.
2. Combine todos los ingredientes excepto el pan rallado y el pollo.
3. Humedezca las partes del pollo por la mezcla y después páselo por el pan rallado.
4. Coloque el pollo en un envase para hornear que haya sido previamente engrasado y hornee de 50-60 minutos hasta que se cocine bien.

4-6 PORCIONES

ESTA RECETA PASÓ A LAS MANOS DE LA DIRECTORA DE LA BODEGA, CAROL SHAPIRO, DE SU MAMÁ. CAROL RECUERDA LLEGAR APRESURADAMENTE DEL COLEGIO A CASA PARA ENCONTRAR ESTA CENA ESPECIAL. AHORA SUS HIJOS SE APURAN EN LLEGAR A CASA CUANDO ELLA LO PREPARA. TAMBIÉN INVITAN A SUS AMIGOS PARA COMPARTIRLO. ¡QUÉ BUENO QUE ESTE PLATO PRINCIPAL SÓLO TOMA UNOS MINUTOS PARA PREPARAR!

BEET SALAD

Halima Mohammed

15-oz. can sliced beets
1 Tbsp. mayonnaise
1 large red or white onion,
    sliced into rings

2-3 hard-boiled eggs,
    sliced

1. Reserve ⅛ of the beet juice.
2. In a large pie dish, carefully mix the beets and
    1 tablespoon mayonnaise.
3. Top with the onions, followed by the eggs.
4. Pour the reserved beet juice over the mixture
    and served chilled or at room temperature.

SERVES 4

*Note: To add color and crunch, you can add other vegetables
as well. Try a cup of sliced carrots or whole kernel corn,
or a few chopped scallions.*

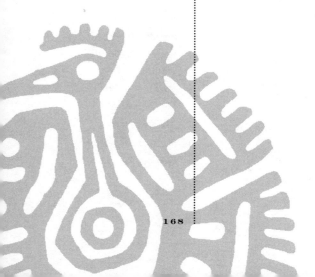

ENSALADA DE REMOLACHA

Halima Mohammed

1 lata de remolacha
  rebanada de 15 oz
1 Cuch de mayonesa
1 cebolla roja o blanca
  grande y rebanada
  en aros

2-3 huevos sancochados
  en rebanadas

1. Guarde ⅓ del jugo de la remolacha.
2. En un envase grande para pastel mezcle la remolacha y la mayonesa.
3. Cubra con las cebollas y los huevos.
4. Vierta el jugo de remolacha restante sobre la mezcla y sirva frío o a temperatura ambiente.

4 PORCIONES

Nota: Para añadir color y hacerla más crujiente añada otros vegetales. Tal vez zanahorias rebanadas, granos de maíz entero o unos cuantos cebollines picados.

¿LE LLEGARON VISITANTES INESPERADOS A LA HORA DE COMER? ESTA ENSALADA NO PUDO SER MÁS FÁCIL DE PREPARAR. FÍJESE EN SU DESPENSA Y HELADERA PORQUE PROBABLEMENTE TENGA TODOS LOS INGREDIENTES.

Drinks and Desserts

REGARDLESS OF CULTURAL BACKGROUND, everybody loves dessert. Here you'll find a variety of ways to end a meal, to snack, or to satisfy a midnight craving. From the old standards American Carrot Cake, Banana Bread, and Chocolate Chip Cookies to an Indian Chai Tea, Brazilian Pastries, and a unique Avocado Pudding, this chapter is an international delight.

Bebidas y postres

MÁS ALLÁ DE LA HERENCIA CULTURAL, a todo el mundo le gustan los postres. Aquí encontrará diversas formas de ponerle punto final a una comida, merendar o satisfacer un antojo a media noche. Desde el tradicional bizcocho de zanahoria, el pan de guineo y las galletas con trocitos de chocolate hasta un té chai indio, la pastelería brasileña y un original pudín de aguacate. Este capítulo sin duda es una delicia internacional.

BANANA AND STRAWBERRY SMOOTHIE

The Menino Café

THE MENINO WAS A BRAZILIAN-RUN NEIGHBORHOOD CAFÉ ON AVENUE C AND 3RD STREET. WHEN THEY FIRST DECIDED TO MAKE SMOOTHIES, THEY WEREN'T QUITE SURE HOW IT WAS DONE. FORTUNATELY, THE FIRST CUSTOMER TO ASK FOR ONE BECAME A REGULAR. "BEFORE WE GOT IT RIGHT, HE MUST HAVE TASTED A GALLON OF OUR SMOOTHIE EXPERIMENTS!"

4 ice cubes
1 Tbsp. plain nonfat
  yogurt
1 ripe banana

4 medium strawberries
Honey, to taste
Dash cinnamon

1. In a blender, combine all the ingredients, except the cinnamon. Purée for 30 seconds, until smooth.
2. Top with a dash of cinnamon before serving.

SERVES 1

SMOOTHIE DE GUINEO Y FRESA

The Menino Café

4 cubos de hielo
1 Cuch de yogur
   dietético
1 guineo maduro

4 fresas medianas
miel al gusto
una pizca de canela

1. Licúe todos los ingredientes, excepto la canela, por 30 segundos, hasta obtener una mezcla de consistencia suave.
2. Espolvoree una pizca de canela antes de servir.

1 PORCIÓN

EL MENINO ERA UN CAFÉ DE BRASILEÑOS DEL VECINDARIO UBICADO EN LA AVENIDA C CON LA CALLE 3°. LA PRIMERA VEZ QUE DECIDIERON HACER LOS "SMOOTHIES" NO SABÍAN CON EXACTITUD CÓMO PREPARARLOS. AFORTUNADAMENTE, EL PRIMER CLIENTE QUE PIDIÓ UNO SE CONVIRTIÓ EN CLIENTE HABITUAL. "¡ANTES DE QUE NOS QUEDARA BIEN, ESA PERSONA DEBIÓ HABER PROBADO UN GALÓN DE NUESTROS EXPERIMENTOS CON SMOOTHIES!"

CARROT CAKE

Karen Horlick

1 cup grated carrots
1 cup melted butter
  or margarine
1¼ cups flour
½ tsp. cinnamon
1 egg

1 tsp. baking soda
¾ cup brown sugar
1 tsp. baking powder
1 Tbsp. water
Juice of 1 lemon

1. Preheat oven to 350°.
2. In a large bowl, combine all the ingredients.
3. Place mixture in a well-greased 5-cup ring mold.
4. Bake 45 minutes to 1 hour, or until a toothpick
   inserted in the center comes out clean. Cool
   slightly and serve.

SERVES 8

BIZCOCHO DE ZANAHORIA

Karen Horlick

1 taza de zanahorias
   ralladas
1 taza de mantequilla o
   margarina derretida
1¼ tazas de harina
½ cuch de canela
1 huevo

1 cuch de bicarbonato
   de soda
¾ taza de azúcar morena
1 cuch de polvo para
   hornear
1 Cuch de agua
jugo de 1 limón

1. Precaliente el horno a 350°.
2. Mezcle todos los ingredientes en un
   recipiente grande.
3. Coloque la mezcla en un molde circular con
   capacidad de 5 tazas bien engrasado.
4. Hornee por 45 minutos a 1 hora o hasta que un
   palillo de dientes introducido en el centro del
   bizcocho salga limpio. Enfríe y sirva.

8 PORCIONES

EL BIZCOCHO DE ZANAHORIA SE ESTÁ CONVIRTIENDO RÁPIDAMENTE EN EL POSTRE PREFERIDO EN ESTADOS UNIDOS, EN SEGUNDO LUGAR DESPUÉS DEL BIZCOCHO DE MANZANA CON HELADO. HE AQUÍ UNA RECETA FAMILIAR DE UN MIEMBRO DE LA BODEGA.

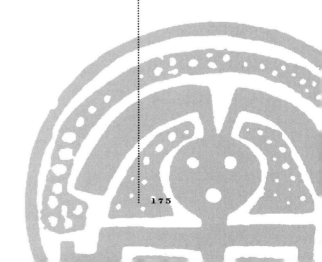

NICARAGUAN TURNOVERS

Muriel Hodgson

AS REFUGEES IN COSTA RICA, MURIEL HODGSON'S FAMILY MADE THESE TREATS AND SOLD THEM. THEY HELPED HER FAMILY SURVIVE AND BROUGHT THEM CLOSER TOGETHER. "TO THIS DAY, WE STILL LAUGH ABOUT OUR DAYS AS 'PASTELES SELLERS'." SAYS MURIEL. "THIS RECIPE REPRE-SENTS MY FAMILY'S DETERMINATION TO SURVIVE AND BE TRUE TO OUR-SELVES IN A NEW LAND."

2 lbs. flour
2 eggs
½ stick butter

¼ tsp. salt
2 cups crushed pineapple
Oil, for frying

1. Place all ingredients, except for the pineapple and oil, on a clean table or work surface. Add enough water to form dough.
2. Roll dough into a long strip and cut into 1-inch sections
3. Flatten each section with a rolling pin.
4. Put a dollop of filling in the middle of half of the sections. Top with a plain section and seal with your index finger.
5. Fry the sections in the oil until browned.

PASTELES NICARAGÜENSES

Muriel Hodgson

2 lb de harina
2 huevos
½ barra de mantequilla
¼ cuch de sal

2 tazas de piña
    machacada
aceite para freír

1. Coloque todos los ingredientes, excepto la piña y el aceite, sobre un mesón limpio. Añada suficiente agua para hacer la masa.
2. Haga una tira larga de masa y córtela en trozos de 1 pulgada.
3. Aplaste cada trozo con un rodillo.
4. Coloque una porción de relleno en el centro de cada pedazo de masa. Cúbrala con otro pedazo de masa y séllelos con el dedo índice.
5. Fríalas en aceite hasta que se doren.

CUANDO ESTABAN REFUGIADOS EN COSTA RICA, LA FAMILIA DE MURIEL HODGSON PREPARABA ESTAS DELICIAS Y LAS VENDÍA. ASÍ SE MANTENÍA UNIDA LA FAMILIA. "TODAVÍA NOS REÍMOS DE NUESTROS DÍAS COMO VENDEDORES DE PASTELES. ESTA RECETA REPRESENTA LA DETERMINACIÓN DE NUESTRA FAMILIA A SOBREVIVIR Y A SER FIELES CON NOSOTROS MISMOS EN UN NUEVO PAÍS", DICE MURIEL.

KENTUCKY BUTTER CAKE

Justin Ferate

3 cups white flour
1 tsp. baking powder
1 tsp. salt
½ tsp. baking soda
1½ cups butter
3 cups sugar
4 eggs

1 cup buttermilk
2 tsps. vanilla
2 tsps. lemon extract
  (optional)
Confectioners sugar,
  for dusting

1. Preheat the oven to 325°. Sift together the flour, baking powder, salt, and baking soda. Set aside.
2. In a large bowl, cream 1 cup of the butter and 2 cups of the sugar. Beat in eggs, one at a time.
3. In a small bowl, mix the buttermilk, vanilla, and lemon extract (if using). Add the flour and buttermilk mixtures alternately into the creamed sugar and butter (about 1 cup of each at a time). Pour into a 10-inch greased tube pan and bake for 60-65 minutes.
4. On top of the stove, combine the remaining cup sugar, ¼ cup water, and the remaining ½ cup butter. Heat until the butter is melted. Do not boil.
5. Run the spatula around the sides of the cake and, with a fork, prick the top all over. Pour hot sauce over cake. Let cake cool in pan and remove. Dust with confectioners sugar before serving.

SERVES 8

BIZCOCHO DE MANTEQUILLA DE KENTUCKY

Justin Ferate

3 tazas de harina blanca
1 cuch de polvo para hornear
1 cuch de sal
½ cuch de bicarbonato de soda
1½ taza de mantequilla
3 tazas de azúcar

4 huevos
1 taza de suero de leche
2 cuch de vainilla
2 cuch de concentrado de limón (opcional)
azúcar para decorar bizcochos

1. Precaliente el horno a 325°. Mezcle la harina, el polvo para hornear, la sal y el bicarbonato de soda. Póngalo aparte.

2. Bata 1 taza de mantequilla y 2 tazas de azúcar. Agregue y bata los huevos uno por uno.

3. Mezcle el suero, la vainilla y el concentrado de limón. Añada la mezcla de harina y la mezcla del suero de manera alterna a la crema de azúcar y mantequilla (1 taza de cada una a la vez). Vierta en un recipiente engrasado de 10 pulgadas y hornee por 60-65 minutos.

4. Mezcle la taza restante de azúcar, ¼ taza de agua y la ½ taza restante de mantequilla. Caliente.

5. Separe el bizcocho del recipiente con una espátula y perfórelo con un tenedor en toda su superficie. Vierta la crema caliente sobre el bizcocho. Déjelo enfriar en su recipiente y espolvoree azúcar para decorar.

8 PORCIONES

SEGÚN JUSTIN FERATE, "ESTE PLATO SIEMPRE ES POPULAR ENTRE FAMILIARES Y AMIGOS. ES UN BIZCOCHO DE MANTEQUILLA REPLETO DE CALORÍAS FÁCIL DE PREPARAR. ¡UNA ADVERTENCIA, SIN EMBARGO: DESAPARECE CUANDO NADIE LO ESTÁ VIENDO!"

DULCE DE LECHE

Oscar Soto

DULCE DE LECHE,
OR "MILK CANDY,"
IS A POPULAR
CARAMEL SWEET
EATEN THROUGHOUT
LATIN AMERICA.
ALTHOUGH THE
ORIGINAL RECIPE
CONTAINS FEW
INGREDIENTS, IT IS
QUITE DELICIOUS.
BE SURE TO COOK
THE CANDY OVER
LOW HEAT—IT
BURNS EASILY. THIS
RECIPE FROM NEW
YORK CITY PAROLE
OFFICER SOTO IS
APPROXIMATELY
100-YEARS-OLD.
IT WAS HANDED
DOWN FROM HIS
GREAT GRAND-
MOTHER. ORIGINAL-
LY, IT WAS COOKED
IN AN IRON POT
AND NONE OF THE
OPTIONAL INGREDI-
ENTS WERE ADDED.

2 qts. whole milk
2 cups sugar
Juice of 1 lemon
  (optional)

Cinnamon (optional)
Shredded coconut
  (optional)
Chocolate chips (optional)

1. Pour milk into a large pot. Bring to a boil and add sugar and lemon juice (if using). Lower heat to medium, but do not allow milk to boil over.
2. Simmer for approximately 2 hours, until the mixture has thickened and turned brown. Pour onto plates. While mixture is still warm, add cinnamon to taste (if using). Add shredded coconut and/or chocolate chips (if using). Serve when cool.

DULCE DE LECHE

Oscar Soto

½ galón de leche entera
2 tazas de azúcar
jugo de 1 limón
    (opcional)

canela (opcional)
coco rallado (opcional)
trozos de chocolate
    (opcional)

1. Vierta la leche en una olla grande. Llévela a un hervor y agregue azúcar y jugo de limón (si lo está usando). Reduzca el fuego a término medio, pero no permita que la leche hierva de nuevo.
2. Cocine a fuego lento por 2 horas hasta que la mezcla espese y se ponga marrón. Viértala en varios platos. Cuando esté todavía caliente, agregue canela al gusto (si la está usando). Añada el coco rallado y el chocolate (si lo está usando). Sirva cuando enfríe.

EL DULCE DE LECHE ES UN POPULAR POSTRE DE CARAMELO EN TODA AMÉRICA LATINA. AUNQUE LA RECETA ORIGINAL CONTIENE POCOS INGREDIENTES, ES DELICIOSA. COCÍNELA A FUEGO MUY BAJO, PORQUE SE QUEMA FÁCILMENTE. ESTA RECETA DE SOTO, FUNCIONARIO DE LA OFICINA DE LIBERTAD BAJO PALABRA DE LA CIUDAD DE NEW YORK, TIENE UNOS 100 AÑOS. FUE TRANSMITIDA POR SU BISABUELA Y ORIGINALMENTE ERA COCINADA EN UNA OLLA DE HIERRO Y SIN NINGUNO DE LOS INGREDIENTES OPCIONALES.

AMARETTO APPLES

Robert Morgenthau

HERE'S ANOTHER
APPLE RECIPE
FROM MANHATTAN
DISTRICT ATTORNEY
ROBERT MORGEN-
THAU AND HIS APPLE
ORCHARD. IT WAS
ORIGINALLY
PUBLISHED IN THE
NEW YORK TIMES.
IT'S EASY TO MAKE
AND DELIGHTFULLY
RICH; PERFECT
FOR A CRISP FALL
EVENING OR A
HARVEST FAIR
TREAT.

¼ cup sugar,
   or less, to taste
¼ cup Amaretto

Grated rind and
   juice of 1 orange
4 large, firm apples

1. Combine sugar, Amaretto, orange rind, and juice in heavy saucepan. Heat slowly until bubbling.
2. Meanwhile, peel, core, and thickly slice the apples. As they are sliced, add them to pan. Simmer until apples are tender and all the liquid has evaporated.
3. Chill and serve plain, with creme fraiche, or with whipped cream.

SERVES 4

MANZANAS EN AMARETTO

Robert Morgenthau

¼ taza de azúcar o menos, al gusto
¼ taza de amaretto
concha rallada y jugo de 1 naranja
4 manzanas grandes

1. Mezcle el azúcar, el amaretto, la concha y el jugo de la naranja en una olla. Caliente a fuego lento hasta que comience a burbujear.
2. Pele, quite las semillas y corte las manzanas en trozos grandes. Agregue las manzanas a la olla y cocínelas a fuego lento hasta que ablanden y todo el líquido se haya evaporado.
3. Enfríe y sirva con "creme fraiche" o crema batida (whipped cream).

4 PORCIONES

HE AQUÍ OTRA RECETA DE MANZANAS DE ROBERT MORGEN-THAU, FISCAL DE MANHATTAN, Y SU HUERTA DE MANZANAS. FUE PUBLICADA POR PRIMERA VEZ EN THE NEW YORK TIMES. ES FÁCIL DE PREPARAR Y ES DELICIOSA, PERFECTA PARA UNA FRESCA TARDE DE OTOÑO O UN OBSEQUIO EN ÉPOCA DE COSECHA.

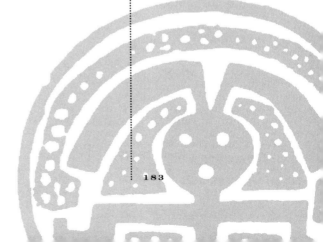

COCONUT AND PINEAPPLE CANDY

José Albarrán

LA BODEGA STAFF
MEMBER SONIA
AREIZAGA'S FATHER
USED TO MAKE THIS
SWEET DISH FOR
HER AND HER
SISTER WHILE THEY
WERE GROWING UP.
SONIA COULDN'T
WAIT FOR IT TO
BE READY: "WHILE
THE COCONUT
WAS COOLING,
I COULDN'T HELP
SNEAKING LITTLE
PIECES OF IT."

2 coconuts

½ pineapple
   (not ripe or green)

1½ lbs. white
   or brown sugar

1. Crack the coconuts and remove the meat from the shell.
2. Grate the coconut and the pineapple over a large pot. Cook over a low flame for 1 minute. Add the sugar.
3. Cook over a low flame for 45-50 minutes, stirring constantly, until the mixture is thick and the coconut is dry. When the coconut sticks to the spoon, it's ready.
4. Use a damp cloth to wet a wooden table or large wooden cutting board.
5. Place the coconut on top of the table or wooden board. Use a wooden spoon to press down on the coconut, wetting the spoon as needed.
6. Flatten the coconut until it is 1-inch thick. Let it stand for 1 hour until cool. Cut it into any size piece you wish.

DULCE DE COCO Y PIÑA

José Albarrán

2 cocos

½ piña que no esté muy verde ni muy madura

1½ lb de azúcar blanca o morena

1. Parta los cocos y sáquele la pulpa.
2. Ralle el coco y la piña en una olla grande. Cocine a fuego bajo por 1 minuto. Añada el azúcar.
3. Cocine a fuego bajo por 45-50 minutos, removiendo constantemente hasta que la mezcle espese y el coco se seque. Cuando el coco se adhiera a la cuchara, estará listo.
4. Humedezca con un trapo la mesa o tablita para cortar alimentos.
5. Coloque el coco sobre la mesa y aplástelo con una cuchara de madera.
6. Aplaste el coco hasta que tenga 1 pulgada de espesor. Déjelo reposar por 1 hora hasta que se enfríe y córtelo en pedazos del tamaño que desee.

EL PADRE DE SONIA AREIZAGA, NUESTRA COMPAÑERA EN LA BODEGA, PREPARABA ESTE POSTRE CUANDO ELLA Y SU HERMANA ESTABAN CRECIENDO. SONIA NO PODÍA ESPERAR A QUE ESTUVIERA LISTO: "NO PODÍA DEJAR DE PICAR PEDAZOS DE COCO CUANDO AÚN SE ESTABA ENFRIANDO".

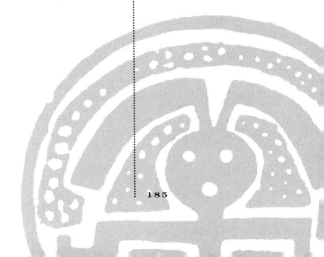

BREAD PUDDING

José García

According to Puerto Rican folklore, one never lets food go to waste. This bread pudding recipe from Alphabet City resident José García is a great way to use old bread and still create a delicious dish.

1 loaf bread
1 qt. milk
2 cups sugar

1 tsp. vanilla
1 cup raisins

1. Preheat the oven to 350°.
2. Tear the bread into pieces and place in a large pot with the milk. Simmer until the bread is soft.
3. Add the sugar, vanilla, and raisins.
4. Place mixture in a greased casserole dish and cook until brown.
5. Cool and serve.

SERVES 8

ICE CREAM AS A RELAXATION

Jamie Hernández

This is Police Officer Hernández's favorite treat. "It works best," he says, "when the ice cream is slightly melted and the pound cake is nice and soft."

2 scoops chocolate
  ice cream
2 scoops cherry ice cream

1 cup root beer
1 slice pound cake

Mix ingredients in a tall glass, find a comfortable chair, and enjoy.

SERVES 1

PUDÍN DE PAN

José García

1 pan entero (baguette)
¼ galón de leche
2 tazas de azúcar
1 cuch de vainilla
1 taza de pasas

1. Precaliente el horno a 350°.
2. Corte el pan en pedazos y colóquelo en una olla grande con la leche. Cocine a fuego lento hasta que el pan se ablande.
3. Añada el azúcar, la vainilla y las pasas.
4. Coloque la mezcla en un recipiente para hornear engrasado y hornee hasta que se dore.
5. Deje enfriar y sirva.

8 PORCIONES

SEGÚN EL FOLKLORE PUERTORRIQUEÑO, LA COMIDA NUNCA SE PIERDE. ESTA RECETA DE PUDÍN DE PAN DE NUESTRO VECINO JOSÉ GARCÍA ES UNA EXCELENTE MANERA DE APROVECHAR PAN VIEJO EN UN POSTRE DELICIOSO.

HELADO PARA EL REPOSO

Jamie Hernández

2 raciones de helado de chocolate
2 raciones de helado de cereza
1 taza de "root beer"
1 rebanada de bizcocho

Mezcle todos los ingredientes en una copa alta, busque una silla cómoda y disfrútelo.

1 PORCIÓN

ESTE ES EL POSTRE FAVORITO DE JAMIE HERNÁNDEZ, OFICIAL DE POLICÍA. "LO MEJOR ES EL HELADO DERRETIDO EN EL BIZCOCHO", DICE.

CARROT/PECAN SPICE CAKE

Nancy Acosta

1¼ cup vegetable oil
2 cups sugar
2 cup sifted flour
2 tsps. baking powder
1 tsp. baking soda
1 tsp. salt

2 tsps. ground cinnamon
4 eggs
3 cups grated raw carrots
1 cup finely chopped
   pecans
1 cup raisins

1. Combine the oil and sugar and mix well.
2. Sift together the flour, baking powder, baking
   soda, salt, and cinnamon. Stir half of this dry mixture into the oil and sugar. Blend. Add remaining
   dry ingredients alternately with the eggs, one at a
   time, mixing well after each addition.
4. Add carrots and mix well. Mix in the pecans and
   raisins. Pour mixture into a lightly oiled 10" tube
   pan. Bake at 350° for about 1 hour and 10
   minutes, or until a toothpick inserted in the center
   comes out clean. Cool for 5 minutes and serve.

SERVES 8

BIZCOCHO DE ZANAHORIA Y NUECES

Nancy Acosta

1¼ taza de aceite vegetal
2 tazas de azúcar
2 tazas de harina cernida
2 cuch de polvo para hornear
1 cuch de bicarbonato de soda

1 cuch de sal
2 cuch de canela rallada
4 huevos
3 tazas de zanahorias crudas ralladas
1 taza de nueces picadas
1 taza de pasas

1. Mezcle bien el aceite y el azúcar.
2. Cierna la harina, el polvo para hornear, el bicarbonato de soda, la sal y la canela. Agregue la mitad de esta mezcla al aceite y al azúcar. Licúe. Agregue el resto de los ingredientes secos, alternándolos con un huevo à la vez y licúe después de cada intervalo.
3. Añada las zanahorias y mezcle bien. Añada las nueces y las pasas. Vierta la mezcla en un recipiente rectangular engrasado de 10 pulgadas. Hornee a 350° por 1 hora y 10 minutos o hasta que un palillo de dientes introducido en el centro del bizcocho salga limpio. Deje enfriar 5 minutos y sirva.

8 PORCIONES

LA ZANAHORIA ES PROBABLEMENTE EL VEGETAL MÁS VERSÁTIL DE TODOS: LE DA CONSISTENCIA A LAS ENSALADAS, COLOR Y SABOR A SOPAS Y GUISOS, Y UN DELICADO SABOR DULCE A BIZCOCHOS COMO ÉSTE. JUNTO A LAS NUECES Y A LA CANELA FORMA UNA DELICIA QUE NO PUEDE SER IGNORADA.

LEMON FLUFF

Elizabeth Johnson

THIS RECIPE COMES FROM THE GRANDMOTHER OF 9TH PRECINCT DOMESTIC VIOLENCE POLICE OFFICER SALLY OSBORNE. IT'S ONE OF THOSE FAMILY TRADITIONS THAT, FOR SALLY, EQUALS COMFORT FOOD AT ITS FINEST.

5-oz. can evaporated
  regular or nonfat milk
  (chilled in the freezer
  for 1 hour)
1 small pkg. lemon Jell-O

Pinch of salt
2 Tbsps. lemon juice
½ cup of sugar
Graham cracker pie crust

1. Whip evaporated milk until fluffy.
2. Prepare package of lemon Jell-O as indicated on the box, adding the sugar when you pour in the hot water. Do not chill.
3. Combine the whipped evaporated milk, Jell-O, salt, and lemon juice.
4. Pour mixture into graham cracker crust.
5. Refrigerate for 1-2 hours, then serve.

SERVES 6-8

Note: To make this in a 13" x 9" pan instead of a graham cracker crust, simply double the ingredients. If you want to cut calories, you can leave out the sugar in step 2. (There already is sugar in the Jell-O.)

MERENGUE DE LIMÓN

Elizabeth Johnson

1 lata de leche evaporada de 5 oz, congelada en el refrigerador por 1 hora
1 paquete pequeño de Jell-O de limón
una pizca de sal
2 Cuch de jugo de limón
½ taza de azúcar
1 corteza para pastel marca Graham

ESTA RECETA PROVIENE DE LA ABUELA DE SALLY OSBORNE, FUNCIONARIA DEL 9° DISTRITO POLICIAL DE VIOLENCIA DOMÉSTICA. ES UNA DE ESAS TRADICIONES FAMILIARES QUE COMBINA COMODIDAD Y DELICADEZA EN UN PLATO.

1. Bata la leche evaporada hasta que esté espumosa.
2. Siga las instrucciones de preparación de Jell-O y agregue el azúcar cuando vierta en el agua caliente. No la enfríe.
3. Mezcle la leche evaporada, el Jell-O, la sal y el jugo de limón.
4. Vierta la mezcla en la corteza para pastel.
5. Refrigere por 1-2 horas y sirva.

6-8 PORCIONES

Nota: Para usar un recipiente de hornear de 13" x 9" en lugar de la corteza para pastel marca Graham, duplique la cantidad de ingredientes. Si quiere reducir calorías, elimine el azúcar en el paso 2. (Ya el Jell-O tiene azúcar).

GIANT CHOCOLATE CHIP COOKIES

Ashley Rotenstreich

ASHLEY ROTEN-
STREICH WAS A LA
BODEGA INTERN
WHO SPENT MANY
HOURS WORKING ON
THIS BOOK. ACCORD-
ING TO HER, NO
COOKBOOK WOULD
BE COMPLETE
WITHOUT A RECIPE
FOR CHOCOLATE
CHIP COOKIES. SHE
LIKES THESE WITH
A LARGE GLASS
OF MILK.

2 sticks sweet butter, softened
1 cup brown sugar
¾ cup granulated sugar
2 eggs
1 teaspoon vanilla extract

2 cups unbleached all-purpose flour
1 tsp. baking soda
1 tsp. salt
1½ cups semisweet chocolate chips

1. Preheat oven to 325°.
2. Grease a cookie sheet.
3. Cream butter and both sugars together until light and fluffy.
4. Add eggs and vanilla and mix well.
5. Sift dry ingredients together and stir in, mixing thoroughly.
6. Add chocolate chips.
7. Using two spoons, form 2"-3" balls and bake them on the prepared cookie sheet for 15-17 minutes.
8. Remove from oven when slightly soft.
9. Cool for about 5 minutes and serve.

MAKES 15-25 COOKIES

GALLETAS GIGANTES CON TROCITOS DE CHOCOLATE

Ashley Rotenstreich

2 barras de mantequilla sin sal

1 taza de azúcar morena

¾ tazas de azúcar granulada

2 huevos

1 cuch de esencia de vainilla

2 tazas de harina para todo uso

1 cuch de bicarbonato de soda

1 cuch de sal

1½ taza de trozos de chocolate semidulce

1. Precaliente el horno a 325°.
2. Engrase una bandeja para hornear.
3. Bata la mantequilla y los dos tipos de azúcar hasta lograr una mezcla esponjosa.
4. Agregue los huevos y la vainilla, y mezcle bien.
5. Cierna los ingredientes sólidos, viértalos a la mezcla y remueva bien.
6. Añada los trocitos de chocolate.
7. Con dos cucharas, forme bolas de 2"-3" y horneélas en la bandeja por 15-17 minutos.
8. Retire del horno cuando se ablanden ligeramente.
9. Deje enfriar por 5 minutos y sirva.

15-25 GALLETAS

ASHLEY ROTENSTREICH PASÓ MUCHAS HORAS TRABAJANDO EN ESTE LIBRO COMO PASANTE DE LA BODEGA. SEGÚN ELLA, NINGÚN LIBRO DE COCINA ESTARÍA COMPLETO SIN UNA RECETA DE GALLETAS CON TROCITOS DE CHOCOLATE. A ELLA LE GUSTAN CON UN VASO DE LECHE GRANDE.

BANANA BREAD

SUZANNE BROSGOLE-
SETER LOVES THIS
RECIPE, PARTLY
BECAUSE SHE
THINKS IT'S THE ONE
THING SHE CAN MAKE
BETTER THAN HER
MOTHER-IN LAW.

4 overripe bananas
1½ cups flour
1 cup sugar
1 tsp. baking soda
1 egg

1½ cups melted butter
 (or 1 cup vegetable oil)
½ tsp. salt (optional)
½ -1 cup crushed
 walnuts (optional)

1. Place the peeled bananas on a plate and mash well with a fork.
2. Pour the bananas into a bowl. Add the remaining ingredients, in the order that they are listed above, mixing them in one at a time.
3. Grease a 9" loaf pan. Pour mixture into pan.
4. Bake at 350° for 1 hour or until a toothpick inserted in the center comes out clean.

Note: When your bananas turn brown, don't throw them away. Put them in the freezer until you are ready to make banana bread. Thaw them until softened before using—or microwave each for 1-2 minutes to defrost before using.

194

PAN DE GUINEO

Suzanne Brosgole-Seter

4 guineos pasados
    de maduros
1½ tazas de harina
1 taza de azúcar
1 cuch de bicarbonato
    de soda
1 huevo

1½ taza de mantequilla
    derretida (o 1 taza
    de aceite vegetal)
½ cuch de sal (opcional)
½-1 taza de nueces
    trituradas (opcional)

SUZANNE
BROSGOLE-SETER
AMA ESTA RECETA,
EN PARTE PORQUE
PIENSA QUE ES LA
ÚNICA COSA QUE
PUEDE HACER
MEJOR QUE SU
SUEGRA.

1. Coloque los guineos sin concha en un plato y tritúrelos con un tenedor.
2. En un recipiente, mezcle los guineos con el resto de los ingredientes, en el mismo orden en que están nombrados arriba, uno a la vez.
3. Engrase un recipiente de 9 pulgadas y vierta la mezcla en él.
4. Hornee a 350° por 1 hora o hasta que un palillo de dientes introducido en el centro salga limpio.

Nota: Cuando los guineos se pongan marrones, no los tire. Guárdelos en el congelador hasta que pueda hacer el pan de guineo. Descongélelos o póngalos 1-2 minutos en el microondas hasta que ablanden antes de comenzar.

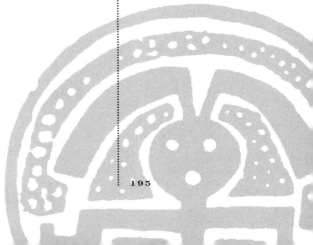

CHAI TEA

Lalita Java Coffee House

PRONOUNCED "CH-EYE TEA," THIS IS A REFRESHING AND UPLIFTING SPICE TEA FROM INDIA. THE RECIPE COMES FROM NEIGHBORHOOD COFFEE HOUSE LALITA JAVA ON 3RD STREET NEAR AVENUE B, WHICH BOASTS 30 DIFFERENT TYPES OF BEVERAGES. IT IS PERFECT ANY TIME OF THE DAY, AND CAN BE SERVED HOT OR COLD.

8 oz. cold water
2 Tbsps. freshly grated ginger or 1 Tbsp. powdered ginger
3 cardamom pods (pounded with rolling pin)
4 cloves (pounded with rolling pin)
Dash each black pepper, nutmeg, and cinnamon
2 Tbsp. sugar
⅛ cup milk, or to taste
2 orange pekoe tea bags

1. Boil water.
2. Add all ingredients, except the tea bags.
3. Let simmer for 3 minutes.
4. Add tea bags.
5. Simmer another 2 minutes.
6. Strain and serve.

SERVES 1

TÉ CHAI

Lalita Java Coffee House

8 oz de agua fría
2 Cuch de jengibre fresco
  rallado o 1 cuch de
  jengibre en polvo
3 vainas de cardamomos
  (machacados con
  un rodillo)
4 clavos de especia
  (machacados con
  un rodillo)

una pizca de pimienta
  negra, canela y
  nuez moscada
2 Cuch de azúcar
⅛ taza de leche,
  o al gusto
2 bolsas de té pekoe
  de naranja

1. Hierva el agua.
2. Añada todos los ingredientes excepto las bolsas
   de té.
3. Cocine a fuego lento por 3 minutos.
4. Añada las bolsas de té.
5. Cocine a fuego lento otros dos minutos a fuego
   lento.
6. Cuele y sirva.

1 PORCIÓN

ESTE ES UN TÈ
REFRESCANTE
Y ESTIMULANTE
DE LA INDIA.
LA RECETA PRO-
VIENE DE LALITA
JAVA, UN CAFÉ
DEL VECINDARIO,
UBICADO EN LA
CALLE 3° CON
AVENIDA B, DONDE
OFRECEN 30 TIPOS
DE BEBIDAS. ESTE
TÉ ES PERFECTO
A CUALQUIER HORA
DEL DÍA Y PUEDE
SERVIRSE FRÍO
O CALIENTE.

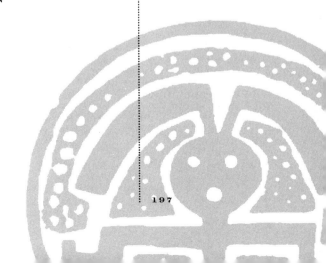

APPLE COBBLER

Mama's Food Shop

20 Granny Smith apples, peeled, seeded, and cut into slices
2 ripe bananas, mashed
1 cup brown sugar
½ cup honey
2 Tbsps. cinnamon
3 cups flour
1 cup sugar
3 sticks sweet butter, softened

1. In a baking dish, combine apples, bananas, brown sugar, honey, and cinnamon.
2. Mix flour, sugar, and butter until the ingredients are blended.
3. Pour the flour mix on top of the apples.
4. Bake at 350° for 40 minutes or until crisp.

SERVES 10

PASTEL DE MANZANA

Mama's Food Shop

20 manzanas Granny Smith peladas, sin semillas y rebanadas

2 guineos maduros machacados

1 taza de azúcar morena

½ taza de miel

2 Cuch de canela

3 tazas de harina

1 taza de azúcar

3 barras de mantequilla sin sal

1. En un recipiente para hornear, mezcle las manzanas, los guineos, el azúcar morena, la miel y la canela.
2. Mezcle la harina, el azúcar y la mantequilla hasta que todos los ingredientes estén homogéneos.
3. Vierta la mezcla de la harina sobre las manzanas.
4. Hornee a 350° por 40 minutos o hasta que se tuesten.

10 PORCIONES

ESTE PASTEL DE MANZANA PROVIENE DE MAMA'S FOOD SHOP, UN RESTAURANTE DE COMIDA SOUL EN LA CALLE 3° ESTE CON AVENIDA B. PUEDE ESTAR SEGURA DE QUE ESTE POSTRE CAPAZ DE HACER LA BOCA AGUA A CUALQUIERA, ES IGUAL O MEJOR QUE AQUÉL QUE COCINABA SU MADRE.

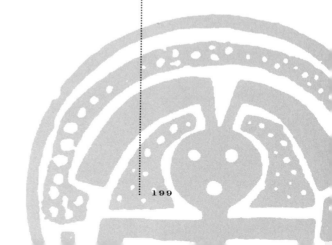

YOGURT PIE DELIGHT

Emilia Álvarez-Negrón

WHIP THIS UP FOR
A SUMMER PICNIC.
THIS IRRESISTIBLE
AND EASY-TO-MAKE
DESSERT WILL
COOL YOU DOWN ON
A HOT AFTERNOON.

1 lb. fresh strawberries
2 cups strawberry-
    banana yogurt
1 medium tub frozen
    whipped cream
Graham cracker pie crust

1. In a medium bowl, combine the strawberries
   (reserving some to use as a garnish), yogurt,
   and whipped cream.
2. Place mixture in the pie crust, garnish with the
   remaining strawberries, and serve cold .

SERVES 8

PASTEL DE YOGUR

Emilia Álvarez-Negrón

1 lb de fresas frescas
2 tazas de yogur de
   fresa-guineo
1 envase mediano de
   crema batida congelada
   (whipped cream)

1 corteza para pastel
   marca Graham

1. En un recipiente mediano, mezcle las fresas
   (deje algunas para adornar), el yogur y la
   crema batida.
2. Colóquelo en la corteza para pastel, adorne con
   las fresas restantes y sirva frío.

8 PORCIONES

LLÉVELO A UN PICNIC DE VERANO. ESTE POSTRE IRRESISTIBLE Y FÁCIL DE PREPARAR LO REFRESCARÁ EN UNA TARDE CALUROSA.

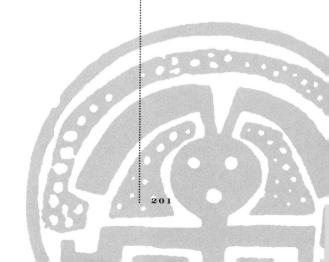

AVOCADO PUDDING

Vanessa de Saint-Blanquat

Vanessa de Saint-Blanquat

THIS DESSERT IS TYPICALLY MADE IN BRAZILIAN HOMES, WHERE AVOCADOS ARE CONSIDERED A FRUIT. IF YOU THINK OF AN AVOCADO SOLELY AS A DIP FOR TORTILLA CHIPS, YOU WILL BE PLEASANTLY SURPRISED.

2 very ripe avocados
Juice from ½ lemon
¼ cup sugar

½-¾ cup heavy cream
(or yogurt)

1. In a glass bowl, mash the avocados with the lemon juice, slowly adding sugar.
2. Blend in the heavy cream, taste, and adjust if necessary.
3. Refrigerate for 2-6 hours and serve cold.

SERVES 4

Note: Florida avocados (green with the dark "splotches") are closer to those found in Brazil than the larger, lighter green California Haas variety.

PUDÍN DE AGUACATE

Vanessa de Saint-Blanquat

2 aguacates muy maduros   ½-¾ taza de crema
jugo de ½ limón   de leche (o yogur)
¼ taza de azúcar

1. En un recipiente de vidrio, triture los aguacates mientras le añade el jugo de limón y azúcar, lentamente.
2. Agregue la crema de leche, pruebe y ajuste si hace falta.
3. Refrigere por 2-6 horas y sirva frío.

4 PORCIONES

Nota: Los aguacates de Florida (verdes con los manchones oscuros) son más cercanos a los brasileños que la variedad California Haas, de un color verde más claro.

ESTE POSTRE ES TÍPICO DE LOS HOGARES BRASILEÑOS, DONDE LOS AGUACATES SON CONSIDERADOS COMO UNA FRUTA. SI USTED PIENSA EN UN AGUACATE SOLAMENTE COMO UNA SALSA PARA LOS CHIPS DE TORTILLA, SE LLEVARÁ UNA AGRADABLE SORPRESA.

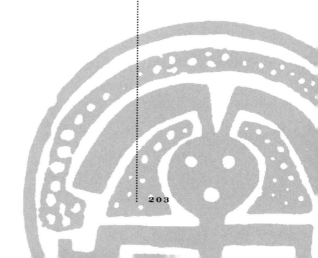

CHEESECAKE

Lydia A. Walker

8-oz. cream cheese
½ cup sugar plus
  2 Tbsps. sugar
2 eggs
8-oz. can condensed
  milk
1 tsp. lemon juice

1 tsp. vanilla
Pinch of salt
Graham cracker pie crust
1 pint sour cream
Cherries, apples, or straw-
  berries, for topping

1. In a blender, combine the cream cheese, ½ cup
   of sugar, eggs, condensed milk, lemon juice,
   ½ teaspoon of the vanilla, and salt.
2. Pour the mixture into the graham cracker crust
   and bake at 300° until a toothpick inserted in the
   center comes out clean, 1-1½ hours.
3. Cream together the sour cream and the remaining
   2 tablespoons sugar and ½ teaspoon vanilla. Pour
   onto the cake and bake another 10 minutes.
4. Let cool, top with fruit, and serve.

SERVES 4

*Note: According to experts, the secret to baking a good cheesecake is
to keep the baking temperature low (300° is perfect) and to take
the cake out of the oven while it is still jiggly in the center.*

TORTA DE QUESO

Lydia A. Walker

8 oz de queso crema
1 cuch de jugo de limón
1 cuch de vainilla
una pizca de sal
2 huevos
½ taza de azúcar
1 lata de leche
   condensada de 8 oz.

1 pinta de crema agria
2 Cuch de azúcar
1 corteza para pastel
   marca Graham
cerezas, manzanas o
   fresas para adornar

¿DE QUÉ SIRVE UN LIBRO DE COCINA NEOYORQUINO SIN UNA RECETA DE TORTA DE QUESO? ÉSTA PROVIENE DE NUESTRA VECINA LYDIA WALKER Y NO TIENE SORPRESAS: ES ESPESA, CREMOSA Y DELICIOSA.

1. En una licuadora, mezcle el queso crema, ½ taza de azúcar, los huevos, la leche condensada, el jugo de limón, ½ cucharadita de vainilla y una pizca de sal.
2. Vierta la mezcla en la corteza para pastel y hornee a 300° por 1-1½ horas hasta que al introducir un cuchillo en el centro de la torta, éste salga limpio.
3. Bata la crema agria, las 2 cucharadas de azúcar y el resto de la vainilla. Vierta la mezcla sobre la torta y hornee otros 10 minutos.
4. Deje enfriar y adorne con frutas de su agrado.

4 PORCIONES

Nota: Según los expertos, el secreto para hornear una buena torta de queso es mantener baja la temperatura (300° es perfecto) y sacarla del horno cuando esté todavía floja en el centro.

Restaurant Guide

PERHAPS THE GREATEST EVIDENCE of the variety of cultures making a home in Alphabet City is found in our local eating establishments. From the hot dog vendors and shaved ice carts to the trendy nightspots and—if you can find them—the local women selling Puerto Rican treats in the summer, there truly is something for every palate on the Lower East Side.

Following is a list of the restaurants located in the area served by La Bodega de la Familia, the 24-square blocks from East Houston to East 6th Street and from Avenue A to Avenue D. We have tried to be as inclusive as possible. This is meant as a resource and to help promote businesses in our neighborhood; it is not a critique or comment on atmosphere or quality. These restaurants vary from inexpensive, quick takeout to local ethnic eats to hip restaurants with East Village flair to upscale cuisine. Many of the establishments are only open for dinner—so call ahead—and many close for vacations during the summer. All information is as of August 1998. The neighborhood is changing rapidly, so check into where you're going to avoid disappointment. And always check if reservations are necessary; many of these places are very popular!

Guía de restaurantes

LA EVIDENCIA MÁS PALPABLE de la diversidad cultural en Alphabet City está en la variedad de sus sitios para comer. Desde los vendedores de perro—calientes y los carritos de piraguas hasta los populares clubes nocturnos, e incluso las vendedoras locales que ofrecen meriendas puertorriqueñas en el verano. Sin duda, hay algo para cada paladar en el Lower East Side.

A continuación presentamos la lista de restaurantes ubicados en los alrededores de La Bodega de la Familia. Las 24 manzanas desde el este de la calle Houston hasta la calle 6, y desde la avenida A hasta la D. Hicimos todo lo posible por incluir a todos. Esta sección fue ideada como guía y para ayudar a promover los negocios en el vecindario. No sirve de crítica del ambiente o la calidad del establecimiento. Los restaurantes pueden ser económicos, rápidos, de comida para llevar, de comida típica, así como los restaurantes modernos que le dan un toque especializado al East Village. Muchos de los sitios solamente abren para la cena, así que llame con anticipación. Otros cierran durante las vacaciones de verano. Esta información es válida desde agosto de 1998. El vecindario cambia con rapidez, así que verifique y evite desilusiones. Siempre pregunte si necesita hacer reservaciones, ya que muchos de estos lugares son muy populares.

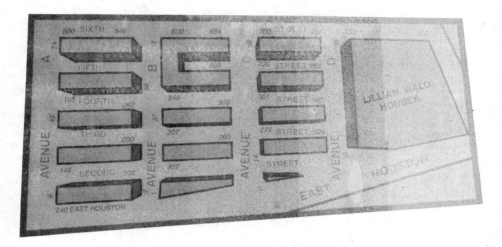

Prices represent a typical item on the menu, not the price of a full meal. "Yes" for smoking means there is a smoking section or smoking is permitted in the dining area. "Smoking at the bar only" or "outside only" is specified. "Seating" refers to a primarily sit-down service eatery. "Takeout" means no seating is available, and "Both" means the restaurant is set up for easy takeout and sit-down service. Delivery has been noted only when advertised on the building or menu.

Alice's Coffee Shop
23 Avenue A, between East Houston and East 2nd Street
(212) 228-1970
Polish home cooking
Price Range: $3 - $10
Seating. Smoking: Yes

Amir Restaurant
36 Avenue B, between East 2nd and East 3rd Streets
(212) 353-8115
Middle Eastern

Price Range: $2 - $12
Takeout. Smoking: No
Free delivery

Asiana
53 Avenue A, at East 4th Street
(212) 674-3538
Regional Asian cooking
Price Range: $6 - $15
Both Seating and Takeout.
Smoking: Yes

Benny's Burritos
93 Avenue A, at East 6th Street
(212) 254-2054
Mexican
Price Range: $10 - $12
Both Seating and Takeout.
Smoking: Yes
Delivery available

Casa Adela
66 Avenue C, between East 3rd and East 4th Streets
(212) 473-1882
Puerto Rican/Creole/juice bar
Price Range: $1.25 - $7.00
Both Seating and Takeout.
Smoking: No

Chinatown Chinese Restaurant
250 East Houston Street, between Avenues A and B
(212) 529-9888
Chinese
Price Range: $2.50 - $9.50
Takeout. Smoking: No

Cuckoo Caribe
81 Avenue A, between East 5th and East 6th Streets
(212) 533-2928
Caribbean cuisine
Price Range: $8 - $16
Both Seating and Takeout.
Smoking: Yes

Damask Falafel, Inc.
89 Avenue A, between East 5th and East 6th Streets
(212) 673-7080
Middle Eastern
Price Range: $2 - $7
Takeout. Smoking: No

Damask Paradise Juice Bar
85 Avenue A, at East 5th Street
(212) 673-5016
Juice bar   Price Range: $2 - $3
Takeout. Smoking: No

Delia's Supper Club

197 East 3rd Street, between
Avenues A and B
(212) 254-9184
French-Caribbean
Price Range: $40 - $55
(prix fixe menu)   Seating.
Smoking: At the bar only
Weekend-only dining

Dragon City

38 Avenue B, at East 3rd Street,
(212) 228-5888
Chinese
Price Range: $3 - $8
Takeout.   Smoking: No
Free delivery

Esashi

32 Avenue A, between
East 2nd and East 3rd Streets
(212) 505-8726
Japanese
Price Range: $5 - $20
Both Seating and Takeout.
Smoking: No

85 Down

85 Avenue A, between
East 5th and East 6th Streets
(212) 673-8073
American bistro
Price Range: $7 - $18
Seating.   Smoking: Yes

Fei Ma

79 Avenue A, between East 5th
and East 6th (212) 673-3300
Chinese   Price Range: $3 - $7
Takeout.   Smoking: No

Golden Dragon Kitchen

15 Avenue C, at East 2nd Street
(212) 477-5750 / (212) 477-0223
Chinese and B.B.Q. chicken
Price Range: $3 - $8
Takeout.   Smoking: No

Ignacio Restaurant

314 East Houston Street, at
Avenue D (212) 979-0267
Creole   Price Range: $1-$8
Both Seating and Takeout.
Smoking: No

Il Bagatto

192 East 2nd Street, between
Avenues A and B
(212) 228-0977
Italian   Price Range: $8 - $15
Seating.   Smoking: Yes

Kate's Joint

95 Avenue B, at East 5th Street
(212) 777-7059
Vegetarian
Price Range: $5.95 - $9.95
Both Seating and Takeout.
Smoking: Yes

La Gould Finch

93 Avenue B, at East 6th Street
(212) 253-6369
Cajun specialties, French
crepes, and salads
Price Range: $5 - $13.50
Seating.   Smoking: Yes
If you call ahead, you can order
vegetarian specialties

Lalita Java

210 East 3rd Street,
at Avenue B (212) 228-8448
Bagels, pastries, cakes, coffee
and espresso drinks
Price Range: $.95 - $ 3.75
Both Seating and Takeout.
Smoking: Yes

Les Deux Lapins

536 East 5th Street,
between Avenues A and B
(212) 387-8484
French Caribbean
Price Range: $6 - $8
Seating.

Le Tableau

511 East 5th Street,
between Avenues A and B
(212) 260-1330
French bistro
Price Range: $11 - $16
Seating.   Smoking: Yes

Limbo

47 Avenue A, between
East 3rd and East 4th Streets
(212) 477-5271
Coffee bar, sandwiches,
baked goods
Price Range: $1.25 - $6
Both Seating and Takeout.
Smoking: Yes

Mama's Food Shop

200 East 3rd Street,
at Avenue B (212) 777-4425
Home cooking
Price Range: $6 - $9
Both Seating and Takeout.
Smoking: Yes

Mekka

14 Avenue A, between
East 1st and East 2nd Streets
(212) 475-8500
Southern and Caribbean cuisine
Price Range: $10 - $14   Seating.
Smoking: the bar only

Mom's Pizza Burger Gyro Restaurant

15 Avenue D, between East 3rd
Street and East Houston
(212) 777-3434 / (212) 777-3459
American, Italian, Greek
Price Range: $2 - $6
Takeout.   Smoking: No
Free delivery

My Village Pizza

51 Avenue B, between
East 3rd and East 4th Streets
(212) 539-0111
Pizza, Italian entrees, cheese

steaks, and heroes
Price Range: $1 - $7; whole
pizzas: $9 - $17   Takeout.
Smoking: No
Free delivery

Ngan Chinese
63 Avenue D, between East 5th
and East 6th (212) 979-9896
Chinese   Price Range: $3 - $7
Takeout only.   Smoking: No
Free delivery

Nice Guy Eddies
5 Avenue A, at East Houston
(212) 539-0902
Cajun
Price Range: $4 - $15
Seating.   Smoking: Yes

No. 1 Chinese Restaurant
11-13 Avenue D, between East
3rd Street and East Houston
(212) 529-4878
Chinese   Price Range: $3 - $8
Takeout only.   Smoking: No

Opaline
85 Avenue A, between
East 5th and East 6th Streets
(212) 475-5050
French American
Price Range: $13 - $22
Seating.
Smoking: Only at the bar

O.G.'s
507 East 6th Street, between
Avenues A and B
(212) 477-4649
Pan-Asian
Price Range: $6 - $14
Seating.   Smoking: No

Pierrot Bistro & Bar
28 Avenue B, between
East 2nd and East 3rd Streets
(212) 673-1999

Modern Mediterranean
Price Range: $11 - $18
Seating.   Smoking: Yes

Pisces
95 Avenue A, at East 6th Street
(212) 260-6660
Eclectic Seafood
Price Range: $9.95 - $19.95
Seating.   Smoking: Yes

Ray's Pizza
250 East Houston, between Ave-
nues A and B (212) 254-8558
Pizza, Italian entrees, hot
heroes, chicken wings
Price Range: slices $1.35 - $4;
other items $4 - $12.50
Takeout.
Smoking: Outside only
Free delivery

Restaurant Vegetable Food
274 East 3rd Street, between Ave-
nues C and D, (212) 420-1075
Dominican
Price Range: $2 - $8
Takeout.
Smoking: Outside only
Free delivery

Rio Grande
Avenue C at East 3rd Street
(212) 533-4174
Brazilian   Price Range: $1 - $3
Takeout.
Smoking: Outside only

Royal Fried Chicken
13 Avenue D, between East 3rd
Street and East Houston
(212) 353-0221
American   Price Range: $2 - $9
Takeout.   Smoking: No

Side Walk
94 Avenue A, at East 6th Street
(212) 473- 7373

American
Price Range: $2 - $12
Both Seating and Takeout.
Smoking: Yes
Delivery after 5PM

Step Mama
199 East 3rd Street, at Avenue B
(212) 228-2663
Home cooking
Price Range: $5 - $7
Both Seating and Takeout.
Smoking: No

Takahachi
85 Avenue A, between East 5th
and East 6th Streets,
(212) 505-6524
Japanese
Price Range: $8 - $15
Seating.   Smoking: No

Two Boots Pizzeria
42 Avenue A, at East 3rd Street
(212) 254-1919
Pizza and po'boys
Price Range: $2 - $15
Both Seating and Takeout.
Smoking: No
Free delivery

Two Boots Restaurant
37 Avenue A, at East 3rd Street
(212) 505-2276
Italian and Creole Cooking
Price Range: $7 - $15
Seating.   Smoking: No
Delivery available

Urban Roots
512 Avenue A, between
East 4th and East 5th Streets,.
(212) 780-0288
Vegetarian organic foods and
juice bar
Price Range: $3 - $5
Takeout only.   Smoking: No

Villa Castillo Restaurant (Joselito's Restaurant)

94 Avenue C, at East 6th Street
(212) 673-9287
Creole and Latin seafood
specialties
Price Range: $3 - $20
Both Seating and Takeout.
Smoking: No   Free delivery

Restaurants that have worked with La Bodega, and helped make for many a festive occasion:

Rebecca's Bakery

127 Avenue C, at 8th Street,
(212) 260-6449
Puerto Rican baked goods,
Puerto Rican specialties,
breakfast food, sandwiches
Price Range: $1 - $4

Takeout only. Smoking: No
(Our favorite items are the
sweet bread and the guava-filled
filo dough pastries!)

Indiana Market & Catering

80 2nd Avenue, between 4th
and 5th Streets (212) 505-7290
Innovative American cooking
Price Range: $3 - $25
Catering only.

Los precios en esta lista
corresponden a un plato típico
en el menú y no al precio de una
comida entera. "Sí" en el renglón
sobre fumar significa que tienen
una sección para fumadores o
que permiten fumar en el
comedor. También especificamos
si: "solo se puede fumar en el
bar" o "afuera solamente".
"Comer en el sitio" se refiere a
que el servicio se limita al local.
"Para llevar" significa que no
hay servicio en el sitio y "ambos"
significa que el restaurante
provee servicio en el sitio y
también para llevar. El servicio
de entrega a domicilio se resaltó
sólo cuando así lo publicitaba
cada establecimiento.

Alice's Coffee Shop

23 Avenue A, entre East
Houston y East 2nd Street
(212) 228-1970
Casera polaca
Precios varían de: $3 - $10
Comer en el sitio. Fumar: sí

Amir Restaurant

36 Avenue B entre East 2nd y
East 3rd Streets
(212) 353-8115
del Medio Oriente
Precios varían de: $2 - $12

Para llevar. Fumar: no
Entrega a domicilio gratis

Asiana

53 Avenue A con East 4th Street
(212) 674-3538
Asiática
Precios varían de: $6 - $15
Ambos (comer en el
sitio o para llevar). Fumar: sí

Benny's Burritos

93 Avenue A con East 6th Street
(212) 254-2054
Mexicana
Precios varían de: $10 - $12
Ambos (comer en el
sitio o para llevar). Fumar: sí
Entrega a domicilio disponible

Casa Adela

66 Avenue C entre East 3rd y
East 4th Streets (212) 473-1882
Puertorriqueña/creole/jugos
naturales
Precios varían de: $1.25-$7.00
Ambos (comer en el
sitio o para llevar). Fumar: no

Chinatown Chinese Restaurant

250 East Houston Street entre
Avenues A y B (212) 529-9888
China
Precios varían de: $2.50 - $9.50
Para llevar. Fumar: no

Cuckoo Caribe

81 Avenue A entre East 5th y
East 6th Streets (212) 533-2928
Caribeña
Precios varían de: $8 - $16
Ambos (comer en el
sitio o para llevar). Fumar: sí

Damask Falafel, Inc.

89 Avenue A entre East 5th y
East 6th Streets (212) 673-7080
del Medio Oriente
Precios varían de: $2 - $7
Para llevar. Fumar: no

Damask Paradise Juice Bar

85 Avenue A con East 5th Street
(212) 673-5016
Jugos naturales
Precios varían de: $2 - $3
Para llevar. Fumar: no

Delia's Supper Club

197 East 3rd Street entre
Avenues A y B (212) 254-9184
Francesa-caribeña
Precios varían de: $40 - $55
(menú establecido)
Comer en el sitio.
Fumar: solo en el bar
Cenas solo los fines de semana

Dragon City

38 Avenue B con East 3rd
Street (212) 228-5888
China Precios varían de: $3 - $8

Para llevar   Fumar: no
Entrega a domicilio gratis

Esashi
32 Avenue A entre East 2nd y
East 3rd Streets (212) 505-8726
Japonesa
Precios varían de: $5 - $20
Ambos (comer en el
sitio o para llevar).   Fumar: no

85 Down
85 Avenue A entre East 5th y
East 6th Streets (212) 673-8073
Bistro estadounidense
Precios varían de: $7 - $18
Comer en el sitio. Fumar: sí

Fei Ma
79 Avenue A entre East 5th y
East 6th (212) 673-3300
China Precios varían de: $3 - $7
Para llevar. Fumar: no

Golden Dragon Kitchen
15 Avenue C con East 2nd
Street (212) 477-5750 /
(212) 477-0223
China y pollo a la parrilla
Precios varían de: $3 - $8
Para llevar. Fumar: no

Ignacio Restaurant
314 East Houston Street con
Avenue D (212) 979-0267
Creole (especialidades
puertorriqueñas y dominicanas)
Precios varían de: $1 - $8
Ambos (comer en el
sitio o para llevar). Fumar: no

Il Bagatto
192 East 2nd Street entre
Avenues A y B (212) 228-0977
Italiana
Precios varían de: $8 - $15
Comer en el sitio. Fumar: sí

Kate's Joint
95 Avenue B con East 5th Street
(212) 777-7059

Vegetariana
Precios varían de: $5.95 - $9.95
Ambos (comer en el
sitio o para llevar).   Fumar: sí

La Gould Finch
93 Avenue B con East 6th Street
(212) 253-6369
Especialidades cajun, crepes
francesas y ensaladas
Precios varían de: $5 - $13.50
Comer en el sitio.   Fumar: sí
Si llama con anticipación, puede
ordenar especialidades
vegetarianas

Lalita Java
210 East 3rd Street con
Avenue B (212) 228-8448
Bagels, pasteles, bizcochos y
variedad de cafés
Precios varían de: $.95 - $ 3.75
Ambos (comer en el
sitio o para llevar).   Fumar: sí

Les Deux Lapins
536 East 5th Street entre
Avenues A y B (212) 387-8484
Caribeña-francesa
Comer en el sitio.

Le Tableau
511 East 5th Street entre
Avenues A y B (212) 260-1330
Bistro francesa
Precios varían de: $11 - $16
En el sitio. Fumar: sí

Limbo
47 Avenue A entre East 3rd y
East 4th Streets (212) 477-5271
Cafetería, sándwiches, comidas
horneadas
Precios varían de: $1.25 - $6
Ambos (comer en el
sitio o para llevar). Fumar: sí

Mama's Food Shop
200 East 3rd Street con
Avenue B (212) 777-4425

Casera
Precios varían de: $6 - $9
Ambos (comer en el
sitio o para llevar).   Fumar: sí

Mekka
14 Avenue A entre East 1st y
East 2nd Streets
(212) 475-8500
Sureña y caribeña
Precios varían de: $10 - $14
En el sitio. Fumar: solo en el bar

Mom's Pizza Burger Gyro Restaurant
15 Avenue D entre East 3rd
Street y East Houston
(212) 777-3434 / (212) 777-3459
Estadounidense, italiana y
griega Precios varían de: $2 - $6
Para llevar. Fumar: no
Entrega a domicilio gratis

My Village Pizza
51 Avenue B entre East 3rd y
East 4th Streets (212) 539-0111
Pizza, especialidades italianas,
quesos y sándwiches
Precios varían de: $1 - $7;
pizzas enteras: $9 - $17
Para llevar. Fumar: no
Entrega a domicilio gratis

Ngan Chinese
63 Avenue D entre East 5th y
East 6th (212) 979-9896
China Precios varían de: $3 - $7
Para llevar solamente.
Fumar: no
Entrega a domicilio gratis

Nice Guy Eddies
5 Avenue A con East Houston
(212) 539-0902
Cajun
Precios varían de: $4 - $15
Comer en el sitio. Fumar: sí

No. 1 Chinese Restaurant
11-13 Avenue D entre East 3rd

Street y East Houston
(212) 529-4878
China Precios varían de: $3 - $8
Para llevar solamente. Fumar: no

Opaline
85 Avenue A entre East 5th y
East 6th Streets (212) 475-5050
Estadounidense-francesa
Precios varían de: $13 - $22
Comer en el sitio.
Fumar: solo en el bar

O.G.'s
507 East 6th Street entre
Avenues A y B (212) 477-4649
Asiática
Precios varían de: $6 - $14
Comer en el sitio. Fumar: no

Pierrot Bistro & Bar
28 Avenue B entre East 2nd y
East 3rd Streets (212) 673-1999
Mediterránea moderna
Precios varían de: $11 - $18
En el sitio. Fumar: sí

Pisces
95 Avenue A con East 6th Street
(212) 260-6660
Marina ecléctica
Precios varían de: $9.95 - $19.95
Comer en el sitio. Fumar: sí

Ray's Pizza
250 East Houston entre
Avenues A y B (212) 254-8558
Pizza, especialidades italianas,
sándwiches, alitas de pollo
Precios varían de:
rebanadas $1.35 - $4;
otras órdenes $4 - $12.50
Para llevar. Fumar: solo afuera
Entrega a domicilio gratis

Restaurant Vegetable Food
274 East 3rd Street entre
Avenues C y D (212) 420-1075
Dominicana
Precios varían de: $2 - $8
Para llevar.
Fumar: afuera solamente
Entrega a domicilio gratis

Rio Grande
Avenue C con East 3rd Street
(212) 533-4174
Brasileña
Precios varían de: $1 - $3
Para llevar. Fumar: solo afuera

Royal Fried Chicken
13 Avenue D entre East 3rd
Street y East Houston
(212) 353-0221
Estadounidense
Precios varían de: $2 - $9
Para llevar. Fumar: no

Side Walk
94 Avenue A con East 6th Street
(212) 473- 7373
Estadounidense
Precios varían de: $2 - $12
Ambos (comer en el
sitio o para llevar). Fumar: sí
Servicio a domicilio después
de las 5 PM

Step Mama
199 East 3rd Street con
Avenue (212) 228-2663
Casera
Precios varían de: $5 - $7
Ambos (comer en el
sitio o para llevar). Fumar: no

Takahachi
85 Avenue A entre East 5th y
East 6th Streets (212) 505-6524
Japonesa
Precios varían de: $8 - $15
Comer en el sitio. Fumar: no

Two Boots Pizzeria
42 Avenue A con East 3rd
Street (212) 254-1919
Pizza y po'boys
Precios varían de: $2 - $15
Ambos (comer en el sitio
o para llevar). Fumar: no
Entrega a domicilio gratis

Two Boots Restaurant
37 Avenue A con East 3rd
Street (212) 505-2276

Italiana y creole
Precios varían de: $7 - $15
En el sitio. Fumar: no
Entrega a domicilio disponible

Urban Roots
512 Avenue A entre East 4th y
East 5th Streets (212) 780-0288
Orgánica vegetariana y jugos
naturales
Precios varían de: $3 - $5
Para llevar solamente.
Fumar: no

Villa Castillo Restaurant (Joselito's Restaurant)
94 Avenue C con East 6th Street
(212) 673-9287
Platos marinos creole y
latinoamericanos
Precios varían de: $3 - $20
Ambos (comer en el
sitio o para llevar). Fumar: no
Entrega a domicilio gratis

*Los siguientes restaurantes han hecho
pasar una velada agradable a muchas
personas cuando han trabajado para
La Bodega:*

Rebecca's Bakery
127 Avenue C con 8th Street
(212) 260-6449
Platos horneados y
especialidades puertorriqueñas,
desayunos y sándwiches
Precios varían de: $1 - $4
Para llevar solamente.
Fumar: no
(¡Nuestros platos favoritos son
el pan dulce y los pasteles de
guayaba!)

Indiana Market & Catering
80 2nd Avenue entre 4th y 5th
Streets (212) 505-7290
Estadounidense innovadora
Precios varían de: $3 - $25
Solo por encargo

CONTRIBUTORS

Acosta, Nancy; Neighborhood Resident; *Carrot/Pecan Spice Cake* and *Millie's Mac and Cheese* 188, 146

Albarrán, José; Father of Sonia Areizaga, Administrative Assistant, La Bodega; *Pineapple and Coconut Candy* 184

Álvarez-Negrón, Emilia; Neighborhood Resident; *Yogurt Pie Delight* 200

Beniques, Luz; Housing Specialist/Teen Case Worker, Nazareth Housing Inc.; *Eggplant Parmagiana* 102

Brito, Enrique; Ignacio Restaurante; *Mofongo* 86

Brosgole-Seter, Suzanne, C.S.W.; Social Work Supervisor, New York City Housing Authority; *Banana Bread* 194

Camacho, Iris; Neighborhood Resident; *Rice with Pigeon Peas* 124

Clements, Vaughn D.; Mekka; *Chicken Rolls* 62

Clinton, President Bill; *Chicken Enchiladas* 104

Colón, Lillian; Sister of Robert Colon, Field Director, La Bodega; *Coquito* 134

Colón, Robert; Field Director, La Bodega; *Sweet and Sour Chicken* 140

Cuevas, Florencio F.; Senior Case Manager, La Bodega; *Salted Codfish Salad* 118

Danziger, Gloria; Standing Committee on Substance Abuse, American Bar Association; *Regina's Sauerkraut Barley Soup* 46

de Saint-Blanquat, Vanessa; Neighborhood Resident; *Avocado Pudding* and *Bahia-Style Shrimp* 202, 80

Detucci-Capiello, James; Parole Officer, New York State; *Pasta y Fagioli* 112

Devlin, Charles J. and B. Whitney; Vice President, Chief Operating Officer, Daytop Village; *Minestrone Soup with Parsley Garnish* 32

Fargas, Adela; Casa Adela; *Tripe Soup (Mondongo)* 24

Ferate, Justin; Program Manager, Extended Studies, The Cooper Union for the Advancement of Science and Art; *Kentucky Butter Cake* 178

Fontanez, Gloria E.; Deputy Director, FITA; *Squash Mambomania* 126

Franco, Felipe A.; Coordinator, CITIZENS, Committee for New York City; *Coquito* 132

García, Elba; Neighborhood Resident; *Cheese Dip* 164

García, José; Neighborhood Resident; *Bread Pudding* 186

Gore, Vice President Al; *Spiced Roast Chicken* 120

González, Elizabeth; LOISAIDA/A.P.P.L.E.S. Coordinator; *Quick Beef Stew* 60

Hernández, Helen; Neighborhood Resident; *Yellow Rice with Goya Beans and Fried Chicken* 70

Hernández, Reverend Brígido; Associate Pastor, Primitive Christian Church; *Nuyorican Macaroni* 160

Hernández, Jamie; Community Affairs Police Officer, 9th Precinct, New York City; *Ice Cream as a Relaxation* 186

Hodgson, Muriel; Women's Health Outreach Worker, Cabrini Medical Center; *Nicaraguan Turnovers* 176

Hoolahan, Virginia; Supervising Probation Officer, New York City; *Great Jennie's Manicotti* 108

Horlick, Karen; Mother of Lisa Horlick, Youth Coordinator, La Bodega; *Carrot Cake and Cold Linguine Salad* 174, 150

Huertas-Guzmán, Kathy; Assistant Manager, CitiBank of Ridgewood, New York, Branch 074; *Pignon (Meat Pie)* 74

Indiana Market & Catering; *Minted Sweet Pea and Spinach Soup* 20

Johnson, Elizabeth; Grandmother of Sally Osborn, Domestic Violence Police Officer, New York City; *Lemon Fluff* 190

Johnson, Lawerence; Parole Officer, New York State; *Scampi a la Parole* 152

King, Todd; Neighborhood Resident; *Seafood Paella* 106

Lalita Java Coffee House; *Chai Tea* 196

Lewis, David C., MD; Center for Alcohol and Addiction; *Spicy Carrot Nibblers* 154

COLABORADORES

La Bodega de la Familia:

GOALS, SERVICES, AND PROJECT HISTORY

THE VERA INSTITUTE OF JUSTICE launched La Bodega de la Familia in October 1996 to demonstrate that family-focused interventions can help drug users succeed in outpatient treatment, reduce drug-related domestic victimization, and break the cycle of multigenerational drug abuse. La Bodega de la Familia is located within Manhattan's Lower East Side and serves a densely populated 24-square block area called Loisaida. La Bodega chose this community because it has serious social needs as well as a visible commitment to developing grassroots solutions. While drug abuse and its consequences permeate neighborhood streets, businesses, and residences, Loisaida is home to health clinics, churches, and settlement houses, providing crucial support to drug users and their families. La Bodega believes that by locating its services in a troubled yet vibrant neighborhood—one that resembles so many urban communities—it will encourage planners in other parts of the country to attempt similar projects.

La Bodega's focus on the family and neighborhood, not the drug user, distinguishes it from traditional addiction services. The center is located on the site of a former grocery store that was the scene of a tragic confrontation between police and local drug dealers in 1995. Through this storefront office, La Bodega provides three basic services:

- family case management for residents who have an addicted family member involved with the criminal justice system
- 24-hour support to families dealing with a drug-related emergency
- walk-in support and prevention services for all neighborhood residents.

In order to place addiction and its consequences in the context of family and neighborhood, La Bodega de la Familia—in partnership with government—is forging a collaborative effort within the community.

La Bodega de la Familia:

VERA INSTITUTE OF JUSTICE inauguró La Bodega de la Familia en octubre de 1996 para demostrar que una intervención guiada de la familia puede ayudar a los drogadictos en sus tratamientos ambulatorios, a reducir la violencia doméstica vinculada al consumo de drogas y a interrumpir el ciclo de la drogadicción multigeneracional. La Bodega está ubicada en el Lower East Side de Manhattan y atiende a un área de 24 cuadras llamada Loisaida. La Bodega escogió esta comunidad porque tiene necesidades sociales importantes pero también ha demostrado un compromiso evidente de desarrollar soluciones. Aunque el consumo de drogas afecta las calles, negocios y viviendas del vecindario, Loisaida es el hogar de centros de salud, iglesias y albergues que prestan un apoyo vital a los drogadictos y sus familias. La Bodega cree que al prestar sus servicios en un vecindario problemático pero al mismo tiempo con tanta personalidad y semejante a muchas comunidades urbanas, le servirá de inspiración a otros proyectistas en otras partes del país para que emprendan proyectos similares.

La Bodega concentra sus esfuerzos en la familia y el vecindario y no en el drogadicto, con lo cual se distingue de otros servicios tradicionales contra la drogadicción. El centro está ubicado donde antiguamente operaba una bodega, el mismo sitio que hasta 1995 fue escenario de enfrentamientos trágicos entre la policía y los traficantes de droga. Desde la nueva sede, La Bodega provee tres servicios básicos:

- Manejo de casos familiares para los residentes que tienen un miembro de la familia drogadicto e involucrado con el sistema de justicia criminal.
- Asistencia las 24 horas al día a aquellas familias con una emergencia vinculada al consumo de drogas.
- Atención sin previa cita y servicios de prevención para todos los residentes del vecindario.

Para ubicar dentro del contexto familiar y del vecindario a la adicción y sus consecuencias, La Bodega —junto al gobierno— inculca un esfuerzo de colaboración que nace de la comunidad.

Glossary

Following is a glossary of ingredients found in this book, particularly those called for in Puerto Rican or Latin-inspired dishes, that may be unfamiliar. Many of these ingredients are packaged and sold by the Goya Foods company. Contact them at (800) ASK-GOYA (275-4691) for information on where to find products in your area.

ADOBO

A spice mixture for meat or poultry made up of salt, garlic, oregano, and turmeric among other spices. The Goya Foods version is available with black pepper and without. Both varieties can be used interchangeably, to taste. If unavailable, use a commercial meat tenderizer or spice blend.

ALCAPARRADO

A mix of capers, Manzanilla olives, and pimientos. The Goya Foods version is sold in jars in supermarkets and grocers. If unavailable, make your own by combining Manzanilla olives with pimientos and capers.

ANNATTO/ACHIOTE

A spice used in Caribbean and Latin American cooking; available as seeds, powder, or oil. While it does add subtle flavor, it is primarily used to add an orange or yellow color to rice, grains, meat, and vegetable dishes.

COCO LOPEZ/COCO GOYA

Coco Goya is a Goya Foods product made with cream of coconut, coconut juice, and water. It is used in a number of Puerto Rican drinks and desserts. Coco Lopez is a similar product containing coconut cream and sweetened, condensed milk.

GANDULES/PIGEON PEAS

A legume common in Caribbean cuisines, especially in Puerto Rican dishes such as the popular Arroz con Gandules. Available canned (either green or brown) or dried. Pigeon peas are small, earthy-flavored beans with tough skins. If unavailable, substitute black-eyed peas.

PLANTAINS/PLÁTANOS

A member of the banana family commonly used in Caribbean, Mexican, and South American cooking. Plantains resemble large, firm bananas. While they are often sold green, they aren't fully ripe until completely black.

RECAÍTO

A Puerto Rican/Creole sauce made with sweet peppers, onion, cilantro, garlic, and spices and used as a base in many popular dishes. Goya Foods makes both a jarred and a frozen version. If unavailable, use a salsa verde, or green salsa.

SAZÓN

A Creole seasoning, available in powdered form. Goya Foods makes numerous varieties, including one with coriander and annatto (sazón con achiote). If unavailable you can mix up your own using the following proportions: 1 part annatto powder (optional), 2 parts cumin powder, 2 parts garlic powder, 1 part black pepper and 2 parts salt.

SOFRITO

A Puerto Rican/Creole fried tomato and onion sauce made with sweet peppers, onion, tomato paste, garlic, vinegar, and spices. Used as a flavor base in many popular dishes. Goya Foods makes both a jarred and a frozen version. In a pinch, a homemade or jarred red salsa can be used, although the flavor will not be the same.

TOMATILLOS

Tomatillos are a variety of small, green tomatoes used frequently in Mexican cooking. They are only edible when cooked, and have papery husks, that should be removed. You can find them in gourmet markets and those offering Mexican produce. (If you cannot find fresh tomatillos, you can use canned.)

YAUTÍA

This Spanish term often refers to taro root, a cylindrical and brown-skinned vegetable with white or lavender flesh. It can also refer to a vegetable called Malanga, which is shaped like a large yam with fuzzy, brown skin. Either can be used in the recipes in this book and both are similar to other starchy vegetables like potatoes. Remove skin before eating.

Resources

Most supermarkets on the Lower East Side sell the full range of Puerto Rican and Dominican ethnic food items called for in these recipes. If you are in the neighborhood and want to stock up, the largest supermarkets—with the widest selection—include:

Fine Fare, Avenue C at East 4th Street
Key Food, Avenue A at East 4th Street
Xtra Project Plaza Supermarket, Avenue D at East 5th Street
East Village Meat and Grocery, Avenue D at East 4th Street

Glosario

Este glosario incluye algunos de los ingredientes mencionados en este libro, en especial aquellos utilizados en los platos puertorriqueños y latinoamericanos. Muchos de estos ingredientes son empacados y vendidos por Goya Foods C.A. Para obtener información sobre dónde adquirir productos Goya en su área, comuníquese al (800)ASK-GOYA (275-4691).

ADOBO
Un aliño para la carne y las aves compuesto de sal, ajo, orégano y cúrcuma, entre otras especias. La versión de Goya está disponible con o sin pimienta negra. Ambas se pueden usar para añadir gusto a las comidas. Si no lo puede encontrar, utilice cualquier otro ablandador de carnes u adobo comercial.

ALCAPARRADO
Ésta es una mezcla de alcaparras, aceitunas de manzanilla y pimientos. La versión de Goya se vende en un frasco en los diferentes supermercados o bodegas. Si no lo encuentra, usted puede prepararlo en casa, combinando los ingredientes antes mencionados.

ACHIOTE/ANNATTO
Un condimento usado en la cocina caribeña y de América Latina. Se consigue en semillas, polvo o aceite. Aunque sí añade un sutil sabor a las comidas, su primordial uso es darle un color entre anaranjado y amarillo al arroz, los granos, la carne y los vegetales.

COCO LOPEZ/COCO GOYA
Coco Goya es un producto de Goya hecho de crema de coco, jugo de coco y agua. Se usa en muchas de las bebidas y postres puertorriqueños. Coco Lopez es un producto similar que contiene crema de coco y leche condensada dulce.

GANDULES/PIGEON PEAS
Una legumbre de uso común en la cocina caribeña, especialmente en los platos puertorriqueños como el popular arroz con gandules. Los encontrará enlatados (verdes o marrones) o secos. Los gandules son pequeños, gustosos y de cáscara dura. Puede sustituirlos por habichuelas rojas.

PLÁTANOS/PLANTAINS
Un miembro de la familia de los guineos comúnmente usados en la cocina del Caribe, México, Centro y Sur América. Los plátanos se parecen a los guineos, pero son más grandes y duros. Aunque los venden verdes, sólo están completamente maduros cuando lucen negros.

RECAÍTO

Una salsa puertorriqueña-creole hecha de pimientos, cebolla, cilantro, ajo y especias. Se usa como base en varios de los platos populares. Goya tiene una versión del recaíto en frasco y congelada. Puede sustituirlo con salsa verde.

SAZÓN

Un aliño creole disponible en polvo. Goya tiene varios tipos, incluyendo uno con cilantro y achiote (sazón con achiote). De no hallarlo, prepárelo: 1 parte de achiote (opcional), 2 partes de comino en polvo, 2 partes de ajo en polvo, 1 parte de pimienta negra y 2 partes de sal.

SOFRITO

Una salsa puertorriqueña-creole hecha de tomates y cebollas fritas, pimiento, pasta de tomate, ajo, vinagre y especias. Se usa como base en muchos de los platos populares. Goya la vende congelada en un frasco. En un apuro, la salsa roja puede servir de reemplazo, pero el sabor no será el mismo.

TOMATILLOS

Los tomatillos son una variedad de tomates verdes pequeños, frecuentemente usados en la comida mexicana. Son comestibles sólo después de cocinarlos y quitarles la concha. Los puede encontrar en tiendas especializadas o donde vendan productos mexicanos. (Si no los encuentra frescos, puede usar los enlatados).

YAUTÍA

Este término en español a menudo se refiere a la raíz de taro, un vegetal de piel marrón y forma cilíndrica de carne color blanca. También se puede referir a un vegetal llamado malanga, que tiene forma de ñame o batata grande de piel marrón. Cualquiera de los dos se pueden usar en las recetas de este libro y ambas son similares a los vegetales que tienen carbohidratos como la papa. Elimine la piel antes de ingerir.

Nota: La terminología culinaria en español varía en cada país y/o región. Durante la traducción y edición de este libro fueron utilizados vocablos de Puerto Rico, México y República Dominicana, en su mayoría. Sin embargo, cabe destacar que existe una interminable variedad de términos con que los países lainoamericanos se refieren a sus platos e ingredientes. Por ejemplo, lo que en Puerto Rico es un guineo, en Argentina, Bolivia, Paraguay y Uruguay se conoce como plátano fruto; en Colombia, Guatemala, Nicaragua y Panamá es el banano y en Venezuela un cambur. Otras de las palabras cuyo significado varían fueron: habichuelas (frijoles, judías, caraotas); achiote (bija, onoto); pimiento (pimentón), bizcocho (pastel, torta, tarta) y alguno de los cortes de las carnes. ¡Esperamos que disfruten de la mezcla!

Abastecimientos

La mayoría de los supermercados en el Lower East Side venden diferentes comestibles puertorriqueños y dominicanos, necesarios para la elaboración de estas recetas. Si está en el vecindario y desea hacer una compra, los supermercados más grandes y con la mayor variedad de productos son:

Fine Fare, Avenue C con East 4th Street
Key Food, Avenue A con East 4th Street
Xtra Project Plaza Supermarket, Avenue D con East 5th Street
East Village Meat and Grocery, Avenue D con East 4th Street